古事記はなぜ富士を記述しなかったのか

藤原氏の禁忌《タブー》

戸矢学

河出書房新社

まえがき　幻の富士山

富士山は、実は『古事記』にも『日本書紀』にも、まったく出てきません。不二山、不死山、不尽山、福慈山など別名も含めて皆無です。存在したという気配さえもありません。

日本人なら、この「事実」に驚かない人はいないでしょう。日本および日本人の歴史・文化は「富士山と共にある」と思っているからですよね。しかも、それはまぎれもない「事実」だからです。

富士山と共に歩んできた日本・日本人という事実と、「記・紀」に登場しないという事実――この矛盾、一体全体どうしたことでしょう?　何が起きたというのでしょう?

富士山が現在のような美しい山容（姿形）となったのは、おおよそ一万年前とされているので、「記・紀」が成立した当時――八世紀には、日本国内ではあまねく知られていたことは間違いありません。

そればかりか、海の向こうにさえもかなり古くからその存在は伝わっていたようです。おそらく紀元前に、すでに大陸沿岸部や半島には知られていたと考えられます。

しかしなぜか、わが国の最古の史書である「記・紀」は完全に無視しているのです。

「記・紀」が編纂された時代は八世紀ですから、「知らなかった」などとは到底考えられません。

ということは、「知っていたのに記載しなかった」のでしょう。

現に、同時代の歌を集めた『万葉集』には富士山が数多く歌われているのです。


田子の浦ゆうち出でてみれば真白にそ富士の高嶺に雪は降りける

ほぼすべての学校教科書に掲載されている山部赤人《やまべのあかひと》の歌です。

ちょっと編集したものが『百人一首』にも入っているので、皆さんお馴染みですね。

赤人は天平八（七三六）年頃に没したとされるので、それ以前の歌ということになります。

『万葉集』では、他にも数多くの歌に富士山は詠まれています。

また、ほぼ同時代の養老年間（七一七〜七二二）に成立した『常陸国風土記』には「福慈岳《ふじのたけ》」と記載されていて、富士山にまつわる神話が紹介されています。

いずれも、当時の日本人が富士山の存在をよく知っていたという証しです。

それなのに「記・紀」は一切触れていません！

『古事記』は七一二年、『日本書紀』は七二〇年の成立ですから、万葉や風土記と同時代なのに、です。

これはいったいどうしたことなのでしょう。

ヤマトタケルは、『古事記』は相模で、『日本書紀』は駿河で火攻めに遭遇して草薙剣で薙ぎ払って窮地を脱するという有名なエピソードが「記・紀」それぞれに語られます。しかし、どちらも富士山は出てきません。ヤマトタケルの視界にイヤでも入っていたはずなのに、です。

富士山本宮浅間大社の祭神であるコノハナノサクヤヒメは、オオヤマツミの娘として、またニニギの妻として「記・紀」ともに登場しますが、富士山との関わりは一切出てきません。

いずれも、なんとも〝不自然〟ではありませんか。どちらも〝意図的に〟避けているとしか思えませんね。

富士山の存在を認めさせる神社も各地にあって、しかもそれらは「記・紀」の編纂よりはるかに古くから鎮座しています。

伊勢の内宮はその代表です。

内宮は富士山を前提に設計されているのです（詳細は本文にて）。

つまり富士山信仰はすでに古くからあったのに、「記・紀」にはなぜかまったく記載されていないということなのです。

これはいったい、如何なる理由によるものでしょう。

私はこの謎を突き詰めて行くうちに、解答は一つしかないのではないかと考えるに至りました。すなわち、富士山は「禁忌《きんき》」(taboo) であったのではないか、と。

歌には詠まれても、また地方の記録には登場しても、「朝廷の史書」では触れることさえできない禁忌《タブー》であったのだろうということです。つまり「政治的禁忌《タブー》」あるいは「宗教的禁忌《タブー》」です(古代では政治と宗教の二つは一体で、「まつりごと」と総称します)。

ヤマト朝廷には、富士山に触れてはならない重大な理由があった!――それが私の到達した解答です。そしてそれ以外にこの謎を説明することは不可能でしょう。

公式の史書に初めて「富士山」が登場するのは『続日本紀《しょくにほんぎ》』(七九七年成立) の天応元年(七八一) の条です。

『日本書紀』成立 (七二〇年) から七十七年経っています。

つまり、この間に「富士山の禁忌《タブー》」が解消されたということになります。

この間に何があったのか、真相を知るには、それも大きな手掛かりです。

ここであらためて指摘しておきますが、「フジ・サン」はヤマト言葉ではありません。漢語であり漢音です。

もし富士山をヤマト訓《よ》みするのであれば「富めるもののふのやま」ということになるでしょうか。

しかし「富士」は好字令 (七一三年) によって選ばれた吉字ですから、「フジ」あるいは「フヂ」

という発音がすでにあったということです。

ただ、それがたとえ不二、不死、不尽、不知などの表記であろうとも、いずれも漢語であって、「fu-ji」という発音を基盤にした当て字ということになります。

そもそも「フジ」という呼び名自体が漢語音であるとするならば、呼び名自体も新たに付けられたものであって、それ以前に土着の呼び名があったはずです。

これだけの突出した山岳が聳えていて、呼び名の存在しないはずがないのですから。

とすれば、古くは別の呼び名があって、ある時期に「フジ」という呼び名が与えられたことになります。

「フジ」山が禁忌とされた理由も、この辺りの事情に由来するのかもしれません。

本書は、その「秘密」を解き明かすのが目的です。どうやらそれは、私たち日本人のルーツに関わる「秘密」でもあるようです。


富士山が禁忌であったとするならば、それはなぜか。

また、その後、禁忌が解除されたからこそ、日本人のすべての人口に膾炙《かいしゃ》する（人々が口にするようになる）こととなるわけですが、どうして解除されたのか。そこに何があったのか。

「富士山の秘密」を探る手掛かりは各地の神社を始め、伝承にも文献にも実は秘められています。

本書ではそれらを順次繙《ひもと》いて行くつもりです。

――さあ、あなたの知らない「富士山の秘密」へとご案内しましょう。

＊増補新版刊行にあたって

初刊当時書ききれなかったことで、その後新たな視点も見出したところから、これだけはふれておかなければ、ということを、この機会に増補の章として書き加えました。

旧版は陰陽五行に準拠して木火土金水の五章建てとしましたが、これにさらに最終章として「陰陽の章」すなわち「太極の章」として加えたものです。これによって、陰陽五行の構成は完結です。巻末の新稿をぜひ読んで下さい。さらにその先が見えてくるかもしれません。

古事記はなぜ富士を記述しなかったのか

藤原氏の禁忌《タブー》

◉目次

まえがき　幻の富士山……1

㊍の章　龍神信仰　15

「聖地」を連結する「不死の道」……15
江戸の風水は「螺旋の呪術」……22
「五色不動」と東京の高級住宅地……30
聖地の秘密は「四神相応」……37
古神道の真理……43
江戸・東京の四神相応……48
新たな龍脈……52

㊋の章　火の神話　56

中央構造帯に居並ぶ一宮……56
噴火する富士山……65
千木・鰹木が示す「浅間神社の主祭神」……68

「山宮」から「大社」へ変身……73
推古天皇が初めて祀った「地震ノ神」……80
一二〇〇年前の姿を偲ばせる『富士山記』……83

㊏の章　常世の国へ　93

聖徳太子の富士登山……93
太子伝説の本当の意味……96
日出ずる処の天子……103
斑鳩宮への移住……104
太子転居の真相……107
聖徳太子に富士登山させたのは誰か……109
禁忌の解除……112
とっても危険な書物『竹取物語』……118
太子信仰から富士講へ　富士山の大衆化……122
富士山確認の古い証左……126

㊎の章　東海の神山　132

山の神とは？……132

消された「建国神話」……139
秦使の渡海伝説……141
中国の歴史書……148
琅琊台から済州島を経て出雲へ……153
徐福の渡来……157
阿須賀神社は熊野三社の「元宮」！……160
熊野本宮の神・家都御子大神の謎……164
異民族による日本征服はなかった……169
神話の神々は実在人物……171
スサノヲ、イソタケル父子は海を渡ってやってきた……175

㊌の章　ふつのみたま　178

富士山の都は、いずこ？……178
地理風水で王都を探せ！……182
四方拝の謎……187
氷川神社と太陽信仰……192
冬至の日の出を望む〝肥沃の地〟……197
関東を最初に開発したのは誰か？……200

「大宮」とは「王宮」か……202
王墓はいずこに？……205
宮都は、いずこへ？……209
〝王〟の祭祀……216
「フジ」と名付けたのは誰か？……220
スサノヲの佩刀は、いずこ？……221
石上神宮の「祭神」の謎……226
藤原氏の氏神は何者か？……230

あとがき　愛しの富士山……237

＊増補――

太極の章　**蓬萊山、遥かなり**　241

幻の神仙郷……241
不可蝕領域……245
〝王〟の祭祀……250
丹党と丹生神社……256

渡来の煉丹術……264
増補新版あとがき……270

カバー写真©ＰＩＸＴＡ
装幀――山元伸子

古事記はなぜ富士を記述しなかったのか

藤原氏の禁忌《タブー》

富士神社

㊍の章　龍神信仰

「聖地」を連結する「不死の道」

まずは次ページの図をご覧いただきたい。

一目瞭然、東照宮と富士山との位置関係には、こんな仕掛けがあったのです。

久能山《くのうさん》東照宮と日光東照宮を直線でつなぐと、富士山頂がそのライン上にぴったり重なりますね。

しかも、ライン上には世良田《せらた》東照宮まで存在します。

これらを一直線につなぐラインを「不死《ふじ》の道」と呼びます。

この仕掛けは徳川家康も生前に承知していたもので、遺骸はまず久能山に埋葬して、後に日光へ改葬せよと遺命しているのです。

設計したのは〝江戸の陰陽師〟〝江戸の風水師〟として知られる天海僧正でしょう。

江戸の都市設計そのものにも深く関与した人物として、皆さんもその名は聞いたことがあると思います。

上野の東叡山寛永寺を創建してからの経歴は明らかですが、それ以前については謎の多い人物です。（＊拙著『天眼―光秀風水綺譚』河出書房新社、は彼の謎の半生を描いた歴史小説です。興味のあるかたは、ぜひ、ご一読を）

天海が地理風水や陰陽道に基づいて設計したことは、呼び名にも表れています。

「神となって、江戸を永遠に見守る」

との意図が「不死の道」には読み取れます。

「不死」とは「死なない者」、すなわちそれは「神」のことだからです。

久能山の霊魂が、富士山（不死山）を経て日光へ向かうことによって永遠不滅の神霊となり、守護神になるという思想です。

そして、このラインは「龍脈《りゅうみゃく》」の先にある「龍穴《りゅうけつ》」を結んだものです。

龍脈とは、気（龍気）の通り道のことで、地理風水の用語です。

元々は、大地の中心と目される山岳――これを地理風水では太祖山《たいそざん》と呼びます――から四方に流れる峰を龍が走る姿と見立てて、気の通り道であるととらえたことによるものです。

そして、気が吹き上がる地点（パワー・ポイント）を「龍穴」と呼びます。

各地の東照宮は大小の龍穴を選んで建てられていますが、なかでも特別に強力な龍穴が日光であるとされます。

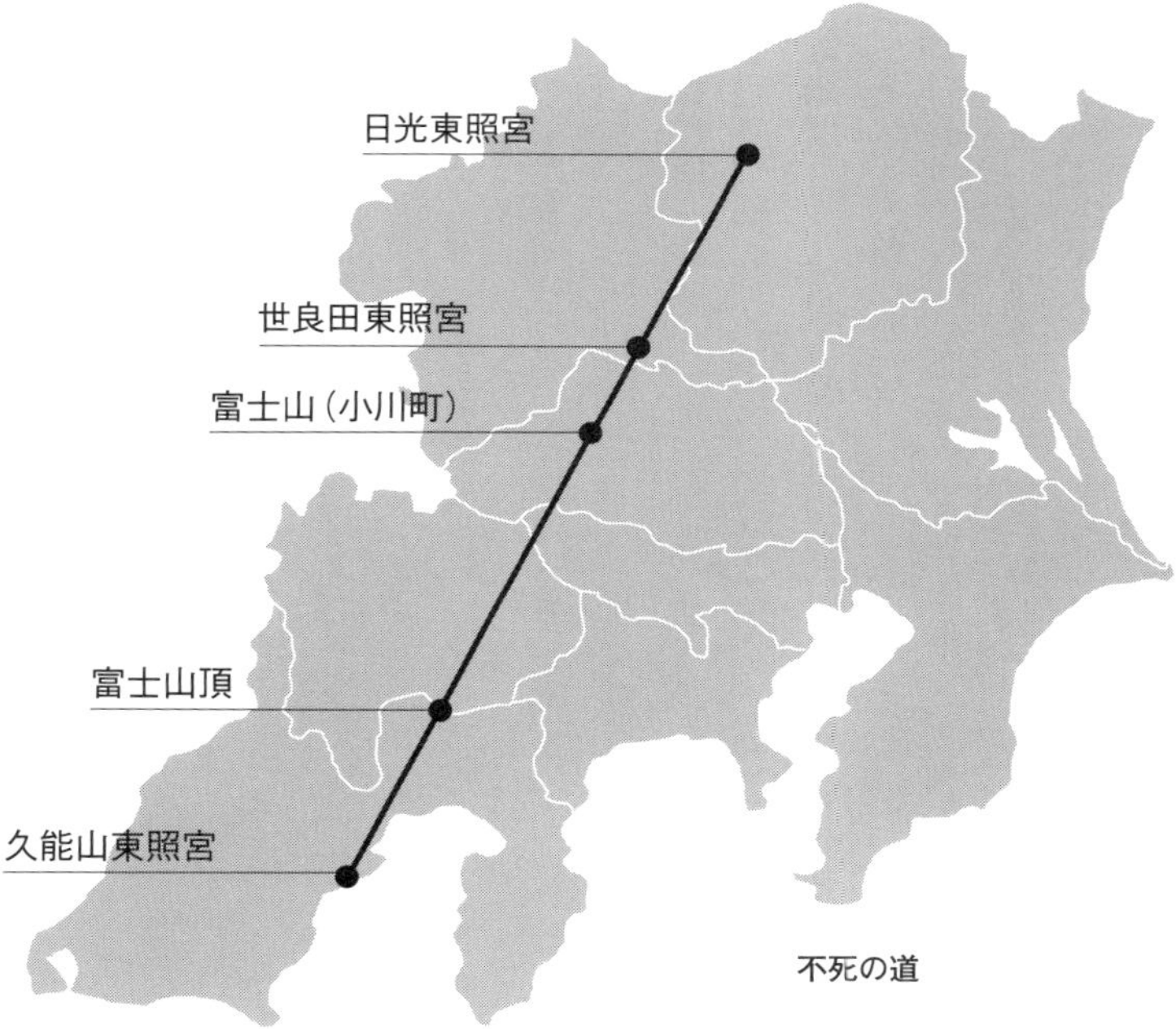

不死の道

「不死の道」を龍脈・龍穴との関連でとらえるのは、日本の風水＝陰陽道独自の解釈、あるいは天海独自の解釈です。

天海は、陰陽道に基づいて江戸の街を設計していますが（後述）、その総仕上げとしてこのような仕掛けをも用意していたのです。

「東照」という名称も、おそらくは天照大神の「天照」に対応する天海の造語であろうと思われます。アマ・テラスに対して「アズマ・テラス」という意味でしょう。

東照宮については、いみじくも勝海舟がこんなことを述べています。

「久能山だとか、日光だとかいふものを、世の中の人は、たゞ単に徳川氏の祖廟とばかり思って居るだらうが、あそこには、ちゃんと信長、秀吉、家康、三人の霊を合祀してあるのだ。（中略）これで織田豊臣の遺臣なども、自然に心を徳川氏に寄せて来たものだ」（『氷川清話』より）

興味深い指摘ですが、実際には海舟の言に完全に一致するのは久能山東照宮であって、日光は秀吉とともに信長ではなく頼朝が祀られています。ただ両社ともに秀吉が祀られているのは海舟の指摘通りで、政策的にも大きな意味があるでしょう。

▼**久能山東照宮**　静岡市駿河区根古屋
【祭神】徳川家康　〈配祀〉豊臣秀吉　織田信長
▼**東照宮**〈通称〉日光東照宮　栃木県日光市山内
【祭神】源家康朝臣　〈配祀〉豊臣秀吉　源頼朝
▼**東照宮**〈通称〉世良田東照宮　群馬県太田市世良田町
【主祭神】徳川家康

「東照宮」は、現在全国に六〇社余鎮座していますが（明治以前は五〇〇社以上ありました）、その頂点にあるのが久能山東照宮と日光東照宮です。

なにしろ久能山は家康遺骸の最初の埋葬地であり、日光はそれを改葬して永遠に眠る墓地なのですから。

他の東照宮はすべてこの両社いずれかの勧請分霊であるのに対して、この二社のみは家康の埋葬地であるという特別の意味を持っているのです。

そして世良田東照宮は徳川氏の先祖の出身地であって、これもまた別の意味で特別です。

ちなみに久能山東照宮から真西に約一〇〇キロメートルのところに岡崎城があります。言わずと知れた家康の生誕地です。

そしてどちらも緯度三十四度五十七分にあります！

これを偶然とする人はいないでしょう。

徳川家康の生誕地と埋葬地が同じ緯度にあるのは、陰陽道の相地法に基づいているのです。

岡崎からさらに真西へ約一〇〇キロメートルの地には亀岡市・亀山城があります（緯度三十五度〇〇分）。この城は、もともと明智光秀の居城であったものです。

亀山城・岡崎城・久能山東照宮――この東西ラインはいったい何を暗示しているのでしょう。

まるで、光秀・家康・天海という三者に、「特別なつながり」があったとしか思えないではありませんか。（＊光秀と天海を直結させるという〝説〟があります）

光秀は築城の名手としても知られており、わが国で最初に天守閣を設計したことはよく知られています（長浜城）。

また、築城術に不可欠な陰陽道（方術）に通じており、天文地理にぬきんでていたと思われます。

その成果が、亀山城なのです。

ここは、長浜などのように〝与えられた〟土地ではなく、光秀みずからが望んで得た土地でした。

ちなみに亀山城は、大正時代に入ってから新興宗教教団の大本《おおもと》が購入し、現在はその本部となっています。

「大本」という文字は見ての通り三画と五画ですが、緯度の数値（三十五度）に合わせて出口王仁三郎が命名したのだと思われます。

なお、不死の道の中程にある小川富士（正式名は「富士山《ふじやま》」）は、埼玉県小川町にあります。標高一八三メートル。山頂には「冨士仙元大菩薩《ふじせんげんだいぼさつ》」の石碑があります。

この石碑は少なくとも三代目のようで、すぐ傍らに割れたりしている古い石碑が立てかけてあります。

おそらく、江戸時代中頃に富士講の信者によって名付けられたのではないかと、私は推測しています。

このライン上には、他にも関連施設があると思いますが、私が調べたのはここまでです。興味のあるかたは、ぜひさらに詳しく踏査していただきたい。

「不死の道」は、いわゆる「太陽の道《レイ・ライン》」と原理的には通底しますが、思想的には進化したものです。

ちなみに「太陽の道」とは、緯度三十四度三十二分の東西ラインのことで、東の端である三重県には神島《かみしま》、そして伊勢の斎宮《さいぐう》址があり、西の端の淡路島には伊勢の森・伊勢久留麻《くるま》神社があります。

この二つの「伊勢」を結ぶ東西直線上に、古代の祭祀遺跡や古い由緒をもつ神社が点在していて、共通点は太陽神の祭祀と、磐座《いわくら》・磐境《いわさか》です。

長谷寺、三輪山、桧原《ひばら》神社、国津神社、箸墓《はしはか》古墳、二上山なども同一線上に並び、倭迹迹日百襲姫命《やまとととひももそひめ》、倭姫命《やまとひめ》といった女性祭祀者のイメージも共通します。

すなわち太陽神の祭祀に深いかかわりをもった古代の「聖線」で、これが「太陽の道」と名付けられた由縁になっています。

はるか古代に何者がこのような仕掛け・設計をおこなったのかは謎とされています。

それにしても天海は、このような「呪術」をどこから導き出したのでしょう?

基本の原理は陰陽道（風水術・方術）ですが、江戸・関東で天海がおこなった設計はきわめて特異なもので、単に陰陽道に基づいたというだけでは答えになりません。

そこで、江戸で実施されたもう一つの「呪術」を見てみましょう。

江戸の風水は「螺旋《らせん》の呪術」

江戸には、京都には見られない陰陽道独自の呪術が用いられていました。

これによって、江戸は京都に勝る繁栄を獲得したとされています。


もともとの風水術の最大の使命は「宮都の選定」です。

皇居を中心とする都市を、すなわち宮都と云い、それこそが日本の首都です。

そしてわが国の歴史上、すべての宮都は風水・陰陽道によって定められたものです。

最初の本格的な都城となった藤原京は、天武天皇によって選定され、その遺志を嗣いだ持統天皇によって宮都となりました（六九四年）。

以来、平城京、平安京はもとより、東京に至るまですべての宮都は風水技法によって選定されています。

それは誰も否定することのできない厳然たる歴史的事実です。

国家の首都がそうであるならば、それに続く主要な都市や城郭、社寺等々も風水によるのは当然で、邸宅の類、また墓陵もすべてはその原理のもとにあります。

永く繁栄する都に最適の地を観定《みさだ》めることは、いつの時代も国家と国民にとって最重要の課題なのです。

それが社会の平和、経済の発展、民心の安定の基盤となるのは不変の真理ですが、風水・陰陽道は、その貢献において根元的な役割を果たしてきたと言えるでしょう。

たとえば京都が「風水都市」であることは、いまや多くの人の知るところとなっていますが、その成果こそは宮都として実に一二〇〇年もの長きにわたって継続したことでしょう。

しかし京都以上の強力な風水によって、この東京が建設されていることをどれだけの人が知っているでしょう。

徳川の江戸が、東京と名を変えて宮都となったのは、京都に勝る風水がここにあったからにほかならないのです。

最初に江戸の地に着目し、切り開いたのは武蔵に依拠した江戸氏の祖・江戸重継《えどしげつぐ》です。

その居館跡に城郭を築いたのが太田道灌《おおたどうかん》。

さらに江戸城を整備拡張し、江戸の町を造り、風水を完成させたのは言うまでもなく徳川家康です。

それから二百年余、江戸の繁栄と反比例するように京都は衰退しました。

とどめは明治維新、帝の遷御《せんぎょ》によって、ついに京都は「玉《ぎょく》」を失います。

たとえ江戸に幕府があろうとも、また商業経済の拠点として江戸や大阪がどれほど繁栄しようとも、「帝」が御所に在る限り京都は安泰だったのですが、ついに遷御となってしまうのです。

江戸の本質は、徳川である必要もなく、江戸である必要もなく、ただ最も強力な風水適地として、日本の宮都であればよいということであったのです。

これは風水の本質でもあります。

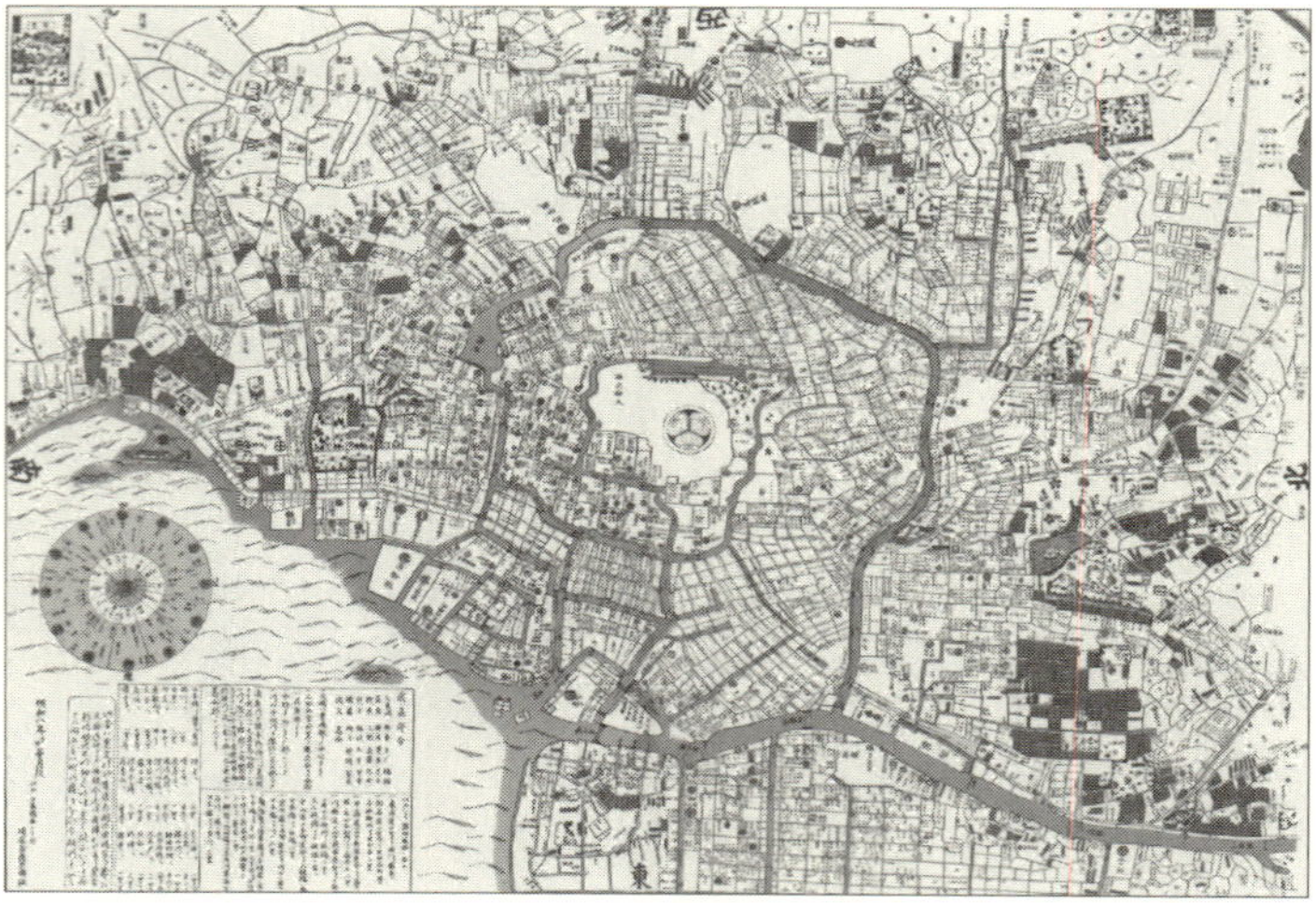

明和江戸図

優れた風水は、そこに王たる者を呼ぶのです。

それでは、江戸の風水は、なぜ京都に勝《まさ》ったのか？

絵図をご覧いただきたい。

これは明和年間に作られたものですが、それ以後のすべての絵図にも共通しているのは濠の構造です。

江戸城を取り囲む掘り割りが螺《ら》旋《せん》形になっているのが、はっきり見て取れます。

掘り割りは「内堀」「外堀」と慣習上呼ばれていますが、それが誤りであるということは一目瞭然です。

濠は、同心円にはなっていません。

したがって「内」も「外」もないのです。

この街区全体を鳥瞰俯瞰することのない人

人が、思い込みでそう呼んでいたにすぎないか、幕府が政策上意図的にそう呼んだか、いずれかでしょう。

そしてそれが町人たちの呼び名として定着したのでしょう。

またこの事実を知り得る者たちも積極的に語ることはしなかったに違いありません。

なにしろ都城の地図は、当然ながら国家機密ですから。

しかし明和年間あたりになると、すでに徳川の治世は盤石で、もはや機密にしておく必要もなくなったのかと思われます。

実際この類の図面はこの頃から各種制作されるようになっています。

いずれも地図としての精度は決して高いものではなく、総体的に製図技術の稚拙さをうかがわせるものですが、濠が異常に太くデフォルメされているので、かえって街の設計意図がわかりやすいのは皮肉なことです。

濠を主軸とした街づくりで、すなわちそれが幹線道路ならぬ「幹線水路」であるとよくわかります。

そして、これが江戸の「動脈」なのです。

かつて太田道灌が江戸の地に城を築こうとした時、ここは利根川と荒川の河口にほど近い海辺でした。

後の大手門辺りより東に町並はなく、低湿地と海が広がるばかりでした。

その江戸湾に臨む台地に居館を最初に築いたのは、武蔵武士団の雄・江戸氏です。

十二世紀のことです。

道灌が本丸を建設したのはまさにその居館の跡であり、そこは後に徳川の本丸ともなる位置です。

つまり最初からピン・ポイントで「龍穴」に狙い定めたものであったのです。

道灌から、家康、さらに秀忠、家光の将軍三代数十年にわたる大規模かつ広範囲の治水土木工事がおこなわれました。

それによって沿岸部の低湿地はことごとく埋め立てられて日本橋、京橋、神田などの居住地が造成され、また城を中心に大きく「の」の字に巡る水路が、平川などの自然の河川をも利用しつつ建設されて、ついに大江戸八百八町の完成を見ることとなります（最終的には九〇三町！）。

以後も江戸の町は繁栄とともに変貌し続けますが、ついには人口一〇〇万人を擁する大都市となり、当時ロンドンやパリにも勝る世界最大の都市であったのです。

つまり、東京という大都市は東京になってからのものではなく、すでに江戸時代において殷賑《いんしん》を極めていたのです。


それほどの発展をもたらしたのは、いかなる風水か。

その答えが「螺旋《らせん》水路」なのです。

江戸にはその他にも数々の風水技術が実施されています。

たとえば鬼門《きもん》の守りとして神田明神《かんだみようじん》、さらにその先に元は三社明神・三社権現と称された浅草《あさくさ》神社があります（浅草寺《せんそうじ》ではありません）。

江戸城鬼門の守護として、上野の東叡山《とうえいざん》・寛永寺《かんえいじ》が必ず挙げられますが、寛永寺は鬼門ではありません。設置したのは天海僧正の企図によるものと言われますが、京の鬼門守護である比叡山《ひえいざん》にならって東叡山と名付けるなどは、いかにも天台密教僧のやりそうなことです。しかし、これは目眩ましです。〝風水断ち〟への対抗策です。

同様に、裏鬼門の守りは増上寺《ぞうじょうじ》ではなく、山王日枝《さんのうひえ》神社です。

いずれも地図を見れば一目瞭然で、議論の余地もないものです。


なお江戸風水の設計者についてはいくつかの説があって、南光坊《なんこうぼう》天海、金地院崇伝《こんちいんすうでん》のいずれかという説が有力です。

家康の政治に深く関与して「黒衣《こくえ》の宰相」と呼ばれた崇伝は、易占に通じていましたが、臨済宗です。

しかし江戸において臨済寺院はあまり重要な位置付けとはなっていません。

家康死去の折りに、崇伝は明神《みょうじん》号（吉田神道）を主張しましたが、天海の権現《ごんげん》号（山王一実神道《さんのういちじつしんとう》）に破れたのは有名なエピソードです。

これを機に徳川の風水は天海の独壇場となったのではないかと思われます。

ちなみに家康自身も、風水・陰陽道に関してはかなりの知識を身に着けていたと思われます。

だからこそ天海たちを重用したのでしょう。

天海は、その家康をサポートして徳川の治世を盤石とするのに大きな役割を果たしたとされますが、この謎めいた人物はすでに武田信玄のアドバイザーとして早くから歴史に登場しています。そしてなんと、織田信長にも仕え、豊臣秀吉にもその知恵を求められ、家康なき後は秀忠、家光の補佐までおこなっています。一六四三年に一〇八歳で死去しますが、この間の歴史的な風水にほとんどすべて関与したと考えられます。

したがって、螺旋水路の構想は天海によるものと考えるのが妥当でしょう。

そもそも密教という非仏教的な宗教は、日本の風水史において特異な役割を果たしているのです。

比叡山の天台密教《てんだい》と、高野山《こうやさん》の真言密教《しんごん》、ともに「螺旋構造」を重要視しています。

真言密教の開祖である空海《くうかい》が開いたとされる四国八十八カ所の札所巡りは、俗化した形で今に至っていますが、本来は「螺旋」に巡って到達するものです。

天台密教の千日回峰行《せんにちかいほうぎょう》も、やはり「螺旋」に巡って到達するものです。

曼陀羅《まんだら》の構造が「螺旋」であるのは言うまでもありません。

螺旋構造は、その中心へ「気」を導き引き込むための呪術的手法です。

もう一度、江戸の古地図をご覧いただきたい。

螺旋を強調したかのような絵図ですが、その左下方に見えるのは詳細な方位図です。

これは、風水師が鑑定に用いる道具・羅盤《ローパン》と同じ構造を示しています。

すなわちこの絵図は「江戸の風水図」ともいうべきものなのです。

そして詳細な方位図の付いた螺旋水路——これこそは、強力な江戸風水の本質を象徴する構図なのです。


それでは、この螺旋の水路には、どのような呪術的意味があるのか。

その意味は唯一つ、富士山からの気の流れを取り込んで江戸城へ集約収斂《しゅうれん》させるという手法を、水路の建設という大がかりな土木工事によって実現したものです。

これが江戸風水の最大最強の根元なのです。

他にももちろんありとあらゆる風水手法がこの街には用いられていますが、四神相応《しじんそうおう》（後述）は別として、それらはいずれも枝葉末節にすぎません。

たとえ「鬼門除《よ》け」のために寛永寺や東照宮が造られたのだとしても、江戸の街全体を「一つの論理」で括るというダイナミックな手法の下ではいずれも小技にすぎないでしょう。

京都の風水でも、鴨川を人工的に造り出して風水を強化しましたが、それでもここまで徹底した都市建設はおこなわれませんでした。

さしずめこれに匹敵するものは、織田信長の安土城とその城下町の建設、そして豊臣秀吉の大阪城とその城下町の建設の二例のみでしょう。

いずれも強力な龍穴の真上に天守閣を建設し、往時には螺旋の構造を備えていました（いずれもその後に破壊されてしまいました）。

ちなみに、安土城は信長が本能寺の変で討たれた後に程なく炎上焼失しました。次男・信雄《のぶかつ》による放火との説が有力ですが、信雄の後見人は家康であったことを考えると意図的なものを感じます。

大阪城は難攻不落でしたが、家康の奸計により濠をほとんど埋められて裸城となって陥落しました。

両者ともに、町の基本構造も破壊されて、以後は見る影もありません。もちろん、城の当主であった織田家も豊臣家も衰退の一途をたどるのみです。

これは典型的な「風水断ち」という手法なのです。

家康が風水・陰陽道に通暁《つうぎょう》していたことは疑う余地もありませんが、信長や秀吉も重用したであろうことは想像に難《かた》くないものがあります。

すなわち戦国の覇者は、武力の戦いとは別の次元で、風水の戦いもおこなっていたのです。

そしてその最後の勝利者が、家康であったということになりますね。

「五色不動《ごしきふどう》」と東京の高級住宅地

ところで、天海が実施した江戸風水には、もう一つ企みがあります。

そしてそれも**富士山**の存在と直結しています。

「富士山を中心とした原理」と呼んでもよいでしょう。

東京には、「一等地」の風水基準があります。

ごく少数の人にのみ知られているものの、一般にはまったく認知されていない「秘密」です。

それを今から解き明かしてみましょう。


高級住宅地として有名な、東京の目白と目黒。

目白は、田中角栄元首相の大邸宅や、皇族御用達の学習院大学で有名です。

目黒は、東京二十三区の一つにもなっているのでこちらはちょっと広くて、東大駒場から自由が丘まで入りますが、やはり東京でも有数の高級住宅地です。

目白と目黒――こうして並べてみると、白と黒で対応しているので、本書の読者にはもうおわかりかもしれません。

風水の五行《ごぎょう》思想に基づいて、東京には五色の不動尊が設けられています。

目白《めじろ》不動尊、目黒《めぐろ》不動尊、目赤《めあか》不動尊、目青《めあお》不動尊、目黄《めき》不動尊の五色不動《ごしきふどう》です。

五色不動は、実際に目に色があるわけではなく、そのように呼称されているというものです。

それでももちろん、勝手に名乗っているわけではありません。

江戸・東京には他にも不動尊を祀っている寺社は数多く、もし恣意的に名乗れるならばむやみやたらに五色不動尊が増えたはずですが、決してそうはなりませんでした。

これには「お墨付き」があります。

おおむね共通するのは二点――三代将軍・徳川家光の指定によるという点と、密教寺院（天台宗と真言宗）であるということです。

そういうことならば、家光の後見人でもあり、天台密教僧である天海の影がその背後に当然浮かんできます。

五色不動の所在地は、五色＝五行の方位に合致していませんが、別の理由から重要な霊的ポイントとして位置付けられたものです。

もともと江戸の街区の設計は独特で、街並みも京都や奈良のような方形にはなっていません。直線で方形に設計された支那風都城と異なり、江戸は「螺旋形」に設計された都市なのです。

五色不動はこの螺旋上に置かれています。

その第一が目黒不動です。

目黒不動のある一帯は、富士山からの「気」の通り道に当たります。

江戸・東京の祖山である富士山の旺気《おうき》は強力で、丹沢の龍脈を経て真っ直ぐに入り込んで来ます。

その恩恵で目黒界隈は大いに栄え、五色不動の一番最初の指定となったものです。

目青不動は、次頁の表のように三度移転しています。

江戸時代は麻布谷町にありましたが、ここには現在、六本木ヒルズが建っています。

<table>
<tr><th>五色不動</th><th>江戸</th><th>明治</th><th>現在</th></tr>
<tr><td rowspan="2">目黒不動尊</td><td colspan="3">目黒区下目黒３丁目
天台宗　瀧泉寺（寛永寺の末寺）</td></tr>
<tr><td colspan="3">目黒区下目黒</td></tr>
<tr><td rowspan="2">目白不動尊</td><td colspan="2">文京区関口２丁目
（真言宗　新長谷寺）
昭和20年５月の戦災により焼失</td><td>豊島区高田２丁目
（真言宗
金乗院慈眼寺）</td></tr>
<tr><td colspan="2">椿山荘の東側</td><td>学習院の東側</td></tr>
<tr><td rowspan="2">目赤不動尊</td><td colspan="2">文京区本駒込４丁目
不動堂</td><td>文京区
本駒込１丁目
天台宗
東朝院南谷寺</td></tr>
<tr><td colspan="2">動坂上＝都立駒込病院の東側</td><td>吉祥寺の西側</td></tr>
<tr><td rowspan="2">目青不動尊</td><td>麻布谷町
観行寺</td><td>青山南町
教学院</td><td>世田谷区太子堂
天台宗　最勝寺
教学院</td></tr>
<tr><td>六本木ヒルズ</td><td>港区南青山２丁目
＝青山霊園</td><td>三軒茶屋
＝昭和女子大の西側</td></tr>
<tr><td rowspan="2">目黄不動尊</td><td rowspan="2">なし</td><td>墨田区東駒形
天台宗　東栄寺</td><td>江戸川区平井
天台宗　最勝寺</td></tr>
<tr><td colspan="2">台東区三ノ輪　天台宗　永久寺</td></tr>
</table>

五色不動尊所在地対応表

その後、明治に南青山に移り、現在は世田谷区太子堂（三軒茶屋）にあります。

いずれも旺気の通り道（経絡）に当たります。

目白不動は、もとは文京区関口にありました。

椿山荘、ホテル・フォーシーズンズの東南に接しています。

しかし戦災で移転して、現在は学習院の東側にあります。

静かで落ち着いた良い気をたたえています。


目赤不動は、文京区本駒込にあります。

町内には大寺院・吉祥寺や都立駒込病院もありますが、なんといっても六義園《りくぎえん》が良い気をたたえる第一でしょう。

その気に保証されて、園の南側には文京グリーンコート（もと理化学研究所）や、日本医師会、東洋文庫が並んでいます。

園の西側一帯が大和郷《やまとむら》と呼ばれる超A級の高級住宅地であることは明治時代から広く知られています。

ちなみに、不動堂や五重三重塔の設置されたポイントは、その多くが龍穴です。

ただし、目黄不動だけは後世のもののようで、「五色」の整合を論拠に明治以降、数カ所誕生しています。

表には江戸川区平井と、台東区三ノ輪を載せましたが、浅草寺の勝蔵院不動堂も目黄不動と称された記録があります（明暦不動から転じたか）。

いずれも由緒は不明ですが、風水上の共通点があります。

それは、三カ所とも残念ながら龍穴ではないということです。

そこで私の仮説ですが、「黄色＝中心」という五行の意味から、目黄不動は江戸城の域内に設けられて公表されなかったのではないでしょうか。論理的には「本丸」こそが目黄不動の安置には最適です。


五色不動――正しくは四色不動か――のある界隈は、龍穴を囲む明堂《めいどう》で、風水の優れた土地です。

とはいっても、東京都区部の風水優良地がこれだけ、ということではありません。

「五色不動」は、ひとつの指針であって、他にも指針はいくつかあります。

詳しくは別の機会にしたいと思いますが、いずれにしても基本は「龍脈」と「龍穴」にあります。

風水では龍穴を囲む地域を明堂と呼び、これが好適地のことです。

本来は政治の拠点を設置する場所ですが、企業の本社や学校を設けるのに適した場所でもあります。

東京は皇居を中心に、南・西・北に好適地が散在します（東にはありません。埋め立て地ですから）。

そして、龍穴周辺では生命力を増強し、男児が産まれやすく、教育や文化を育み、企業の活力を高めます。

「五色不動」も、実は龍脈が走って龍穴となっている地に、元々は設けられたものです。元の龍穴が移動したり、地理地形に変化があって古くからの龍穴が失われたりしたものもありますし、また後世の社会的な事情で移転したもの、しかし移転した地も別の龍穴であったりもしています。

しかしその所在地は、やはり新旧ともに優れた地であることに本質的な変化はありません。先にも述べましたが、対応表に表記した現在地を見てください。いずれも、東京の一等地です。これは偶然ではありません。人々は必然的にこれらの地域を求めるのです。

ただし、不動尊が設置されている場所そのものは（＝ピン・ポイント）、一般の人の住まいには適当ではありません。

そこは、あくまでも「鎮護」の押さえです。

神社や寺院が建っている場所が、住まいには適当ではないのと同様です。

適地はその周囲にあります。

たとえば、ここからわかるのは、現在の一等地は目黒区中目黒、文京区目白台、文京区本駒込、世田谷区三軒茶屋、などになるということです。

いずれにしても東京では、良い不動産は、お不動サンのあるところ、ということになりますね。

聖地の秘密は「四神相応」

さてそれでは、なぜ「五色」なのでしょう？

風水では、最良の地相の条件を「四神相応《しじんそうおう》」と定義しています。

キトラ古墳の内壁画が発見された時に「四神」についてほぼすべてのマスメディアが解説付きで報道したので、ご存じの読者も少なくないと思います。高松塚古墳の四神図も有名ですね。

青龍《せいりゆう》、朱雀《すざく》、白虎《びやつこ》、玄武《げんぶ》の四つの神獣のことです。

青龍は青い龍、朱雀は朱い鳥（鳳凰のこと）、白虎は白い虎、玄武は亀に蛇が絡みついている姿です。

これらの四神にどんな意味があるのか、その条件の揃う場所とはどのような所をいうのか等々、少し解説したいと思います。

実はあらためて私たち日本人の文化や歴史に目を向けると、四神の呼び名は、様々な場面で馴染みがあることに気付きます。

たとえば、会津の白虎隊、観光地として有名な玄武洞、京都の朱雀大路など、いずれもすべて風水の四神にちなんでいるのは言うまでもありません。

これ以外にも四神にちなんだ日本の文化事象は無数にあると言っても過言ではありません。

まずは判断の基準となる「陰陽五行《いんようごぎょう》」の配当から見てみましょう。表に示したのは、陰陽五行の最も基本的な配当要素の項目です。


読み取りかたは、たとえば東の方位は、陰陽の「陽」にあたり、五行の中ではみどり成す「木」が配当され、あおき龍の住まいするところとなる――このように、属性を五種類に分類位置付けすることによって関連の組み合わせが成立します。そして実際の地相にそれらが合致しているかどうかを判断します。

この配当要素はこれ以外にも無限にあります。

論理的には、この世に存在するすべての要素が陰陽五行に分類配当されているわけで、陰陽という二気論と、五行という五元論の組み合わせで世界は成り立っている、というのが陰陽五行説の根幹です。

したがって、ありとあらゆる要素がこの配当表に分類配当できなければ、この世界の解釈において論理的に矛盾をきたすことになります。

しかしよくしたもので、ここに何を持ってきても実はほとんど当てはまります。

たとえば人体も「五臓」、地球は「五大陸」といった次第で、意味合いも五行に対応するのは不思議なほどです。

その昔、知識が特権階級の専有物であった時代には、これを知った者は等しく驚いたことでしょう。

「この原理は、世界の真理を解き明かしたもの」であると——。

近現代は誰もがそれを簡単に手に入れることができるようになったわけですから、どうぞ知の喜びを堪能してください。

ただ、驚くべき符合整合の中でも特に重要で、しかしあらためて検証の必要があるのは「四神」です。

五行の配当が完成するはるか以前から四神の概念は存在しており、あるいは四神を基盤にして五行は成立したものかもしれないのですが、他の配当要素と比べてかなり特殊です。風水の思想

五行	四神	方位	陰陽	惑星	色彩
木	青龍	東	陽	木星	碧翠
火	朱雀	南	陽	火星	赤朱
土	大極	中央	陰陽	土星	黄土
金	白虎	西	陰	金星	白銀
水	玄武	北	陰	水星	黒

陰陽五行配当表

的また哲学的に中核を成すものでありながら、四神の地形への配当には異動があります。

巷間「理想的風水」と言われる京都の四神を見てみましょう。

東＝青龍＝鴨川
南＝朱雀＝巨椋《おぐら》池
西＝白虎＝山陰道
北＝玄武＝船岡山

この配置こそが「四神相応」であり、だからこそ京都は理想的な風水であるとされています。しかし、鴨川については相応させるために当時としては大掛かりな土木工事をおこなって人為的に矯正しています。

そうまでして整えた条件は、陰陽道の聖典とされている『簠簋《ほき》内傳金烏玉兎集《ないでんきんうぎょくとしゅう》』（安倍晴明撰）の定義に基づいています（以後「簠簋《ほき》」と省略）。

「簠簋《ほき》」には、

「東に流水あるを青龍という。南に澤畔《たくはん》あるを朱雀という。西に大道あるを白虎という。北に高山あるを玄武という」

とあるのです。これを簡単に言うならば「北に高山、東に河川、西に道、南に池」となります。

京都の地理的配置は確かにこの通りになっています。

支那（China）朝鮮の風水説では、四神相応の定義はもっと単純です。

◉中国風水その他の定義

青龍砂は連山
朱雀砂は案山たる低山（山朱雀）もしくは河川・池か（水朱雀）
白虎砂は山脈
玄武砂は主山たる高山

＊「砂《さ》」とは山のこと。

簡単に言えば「東西北の三方を山に囲まれ、南に丘もしくは河」ということになります。つまり、日本的な言い方では「**南向きの盆地**」ですね。なんとわかりやすいのでしょう！

しかしそれが良い風水の土地であると日本以外では定義されているのです。盆地の内懐に当たるところに龍穴《りゆうけつ》（一種のパワー・スポット）があり、祖山《そざん》・主山《しゆざん》の龍脈からもたらされる旺気《おうき》（勢いのある気）が、龍穴で融解し吹き上がる。その旺気に満ちた平地を明堂《めいどう》と称し、このスペースの広がりに応じて墓陵、邸宅、宮都など適切な建設物が決定されるというものです。

正しく龍穴の位置を見極めるのは容易くはありませんが、地形がこの条件に当てはまるか否か、あるいは似ているか否かといった程度の判断はさほど難しいものではないでしょう。なにしろ日本の地形には必然的に盆地が多い。

少しばかり彷徨《ほうこう》すれば、この条件と似たような地形はすぐにも見つかるはずです。

〝にわか風水師〟があちこちに生まれる由縁もここにあります。

日本では「陽宅《ようたく》風水」つまり「住宅の観相」に偏ってアレンジされたものが近世以降一般に広まりました。いわゆる「家相《かそう》」ですね。

しかしこれは大衆化、俗化の産物であって、風水そのものの本質とイコールのものではありません。

さしずめ近代仏教が現世利益《げんせりやく》に特化して流布したのと一緒のレベルで、目の前の利益《りえき》に直結する部分だけをフレームアップしたにすぎないものです。

家相は風水とは似て非なるものであって、住宅を、その地域の環境と切り離して単体で検証してもあまり意味はないのです。

これに対して、日本を除く東アジアのほぼ全域では「陰宅《いんたく》風水」が基本です。

陰宅とは墓所墓陵のことで、そもそも先祖の墓を良い「気」の地に祀れば、それによって子孫の暮らしは繁栄する、という思想です。

ちなみに琉球風水も日本タイプの陽宅風水ではなく、陰宅風水です。

独特の形状で知られる沖縄の門中墓《もんちゅう》・亀甲墓《かめこう》は、まさにこの論理で設計されています。

思想的には「子宮から生まれた者が子宮に還る」つまり胎内回帰をデザインしたもので亀甲墓は

そのまま女性の下腹部を象《かたど》っています。

これは日本の他の地域の墓陵にはほとんど見られない特徴で、沖縄独特のものです。

平安京の龍脈は北の貴船山から船岡山を経て大極殿《だいごくでん》の龍穴《りゅうけつ》（気が吹き出すところ）へつながっています。

そして龍穴を中心とした明堂《めいどう》を、東の青龍砂《せいりゅうさ》である大文字連山と、西の白虎砂《びゃっこさ》である嵐山山脈がしっかりと守るようになっています。

要するに典型的な盆地であって、しかも南面、つまり南向きであるというわけです。

さらに、大文字山と西山とをつなぐ東西ラインと、船岡山と甘南備山《かんなびやま》とをつなぐ南北ラインとは正しくクロスし、この交点にもともとの内裏が存在していました。

まさに風水の「天心十字の法」に合致しているのです。これなら宮都を建設するに絶好です。

古神道の真理

陰陽道の四神相応は、実は神道の源流である「古神道《こしんとう》」と融合して成立したものです。

神社の社殿は様々な建築様式があって、日本の建築史を代表するものですが、その源流となる様式は二つに絞られます。

すなわち、伊勢の神明《しんめい》造りと、出雲の大社《たいしゃ》造りです。神明造りは古代の穀物倉が、また大社造りは住居が原型であったとされます。

しかし、この建築様式は千数百年の歴史にすぎません。

わが国固有の信仰形態である神道は、もっとはるかに永い歴史を持っており、これ以前の歴史も同じほどに永く、これを古神道と呼びます。

古神道は、一種の精霊信仰《アニミズム》で、自然崇拝が本質です。

自然なるものすべてに神の遍在を観るもので、山も海も川も神であり、太陽も月も北極星も神です。風も雷も神であり、季節も時間も神です。

すなわちこの世界、この宇宙に神ならぬものはなく、神とともに在る、という思想です。

その原初の姿、原初の形は四種に集約されると私は考えています。

一、**神奈備《かんなび》**

二、**神籬《ひもろぎ》**

三、**磐座《いわくら》**

四、**靈《ひ》**

これこそが神道の原型であり、本来の姿です。

いずれも漢字を用いていない時代からの言葉ですから、文字は後世の、少なくとも記紀万葉の時代からの当て字です。

なお、発音は古式では「kwam-nabi」「hyi-i-morogi」「yiwa-kura」「hyi-i」ではなかったかと私は推測しています。万葉仮名からの判断です。

第一の「かんなび」は、神奈備、甘南備、神名火、賀武奈備などとも書きます。

いずれも神隠《かんなび》の意味で、神の居る山、すなわち神体山として崇敬、信仰されるものをそう呼びます。

富士山に代表される左右相称《シンメトリー》の独立峰が多いのですが、峰が二つ（二上山）、あるいは三つ（三峯山）、などもあります（富士山山頂を三峰ととらえる考え方もあります。江戸時代の修験道では三峰詣でをしておりました）。

山岳信仰は講《こう》によって成り立っており、その信仰圏は「山頂を望める（可視）地域」が基本です。

ちなみに**富士信仰**の拠点は、富士宮市の富士山本宮浅間大社《ふじさんほんぐうせんげんたいしゃ》ですが、その信仰圏には富士神社や浅間神社など多くの分社があります。

このタイプの神道信仰は、三輪山と大神《おおみわ》神社（奈良）、白山《はくさん》と白山比咩《しらやまひめ》神社（北陸）、大山《おおやま》と大山阿夫利《あふり》神社（神奈川）、岩木山《いわきさん》と岩木山《いわきやま》神社（青森）など全国各地にみられます。

山とともにある信仰ですから、その発生は当然ながらはるか古代に遡るものでしょう。

中には、大神神社のように三輪山そのものをご神体として、神社に本殿を設けず、拝殿のみという形のものもあります。ちなみにここの鳥居は横木がなく、左右に一本ずつ立てられた柱に注連縄《しめなわ》を渡してあるだけというシンプルなものです。これらの形は、神道の古式であるとされています。

なお、川や滝の信仰は、その元である神奈備の信仰に準じます。

第二の「ひもろぎ」は、神籬、霊諸木などとも書きます。

神の依り代たる森や樹木をそう呼びます。ひいては、榊などの常緑樹で四方を囲み、注連縄を張り巡らして中央に幣帛《へいはく》などを立てた祭壇のことをそう呼ぶこともあります。

いずれにしても森、または擬似森で、神の住まう場所、降臨する場所、神々の集いたまえる場所のことです。鎮守の森の原型ですね。

伊勢の神宮の別宮である滝原宮《たきはらのみや》は、その典型でしょう。

ここは神宮の元宮と云われており、それだけの歴史と由緒をもっています。しかし社殿は驚くほどに簡素であって、逆の意味で驚かされます。これが皇大神宮の別宮、遥宮《とうのみや》と尊ばれる社か、と。社殿を包み込む大きく深く鬱蒼とした森は、まさに神の住まいにふさわしいものです。これほど美しい鎮守の森はなかなか他では見られません。

筆者は個人的に滝原宮を最も好ましい神社と思っているのですが、読者の方々にもぜひ一度参拝されることをお奨めしたい。この森の気を一度でも全身で受けてみれば、必ずや何ものかを感応して、神籬の意味を瞬時に理解されるに違いないと私は確信しています。

ちなみに、伝統的な日本家屋には、自然環境と融和・調和するという生活観が古くから根付いています。それが「借景」や「庵」といったわが国独特の建築思想の基本になっています。

つまり庭の彼方に望む山や森も、庭から連続する風景として取り込んでしまうし、「庵」は建物そのものが自然の中に同化することにその存在理由があるのですが、これは神奈備や神籬と一体になることなのです。

ところが、大極殿を含む京都・平安宮は、当初「自然と対立」する様式で造営されました。

それまでの宮都のすべてに言えることですが、長安の都を手本とした結果です。しかし西京エリアの度重なる洪水や数々の天変地異、あるいは繰り返される火災等によって京の機能はほとんど東側に偏ってしまいます。

現在御所が位置する場所は当初の平安宮では東北の隅に当たるので、あたかも街の移動とともに御所も移動したかのようですが、意図的か成り行きかはわかりません。

里内裏となっていた土御門殿《つちみかどでん》で光厳《こうごん》天皇が一三三二年に即位し、以後ここが皇居となって、現在の御所でもあります。

桓武天皇以来の御所は一一七七年に大極殿が焼亡してから空洞化し、実質的な機能はすでに里内裏へ移っていたため、なんら支障なく遷御となりました。そしてそこに建築された紫宸殿《ししいでん》をはじめとする御所は、かつての「大陸様式」ではなく、檜皮葺《ひわだぶ》きの高床式寝殿造りという「純和風」となったのは原点回帰と言えるでしょう。

第三の「いわくら」は、磐座、岩倉、岩鞍などとも書きます。磐境《いわさか》も関連の施設です。

磐座は巨石《メガリス》のことで、それ自体が神の依り代です。

また磐境は環状列石《ストーン・サークル》であって、結界を造りだしています。両方の組み合わせであることが多いようです。

熊野速玉大社の元宮である神倉《かみくら》神社は、その典型ですが、山頂の一個の巨石をご神体として崇敬するもので、「神のいわくら」がそのまま社名になったものでしょう。有名な火祭りで松明を持った男たちが駆け降りる石段からすでに磐境となっており、社殿のある山上一帯も祭祀の場として巨石巨岩に満ちています。熊野三社の信仰が元々自然崇拝であることの象徴でもあります。

第四の「ひ」は、靈、日、火などとも書き、太陽信仰のことです。

太陽は光を発することから光の信仰であり、太陽光を集めて火を生み出すことから火の信仰でもあります。

また風の信仰、空気の信仰でもあります。

太陽は地上のすべてのものに降り注ぐところから、森羅万象に神々の遍在すること、すなわち精霊《アニマ》の意として靈《ひ》とします。天の恵みであり、「八百万の神々」の本質とも言えるでしょう。

以上のように、神奈備《かんなび》、神籬《ひもろぎ》、磐座《いわくら》、靈《ひ》の四つが、神道の本来の姿です。

そしてこれらが、陰陽道の「四神」なのです。

▼**青龍**《せいりゅう》＝**神籬**《ひもろぎ》――神籬は、清流が走る蒼々《あおあお》たる豊かな森。だから青龍である。

▼**朱雀**《すざく》＝**靈**《ひ》――靈は、赤く照り輝く陽光。だから朱雀である。

▼**白虎**《びゃっこ》＝**磐座**《いわくら》――磐座は、力強く白き岩山。だから白虎である。

▼**玄武**《げんぶ》＝**神奈備**《かんなび》――神奈備は、玄《くろ》き武《たけ》き山、だから玄武である。さらにその真上の玄《くろ》き空に武《たけ》き輝きを放つ北極星である。

江戸・東京の四神相応

さてそれでは、江戸・東京の「四神」もしくは「五神」は何をもっていうのか。

図をご覧いただきたい。

〈神奈備＝玄武〉は、日光白根山、標高二五七八m、関東以北の最高峰です。江戸はこれを主山としています。

江戸の地に最初に注目した江戸重継も、はるかに望むこの高峰を当然とらえていたことでしょう。

太田道灌の居城を引き継いだ徳川家康は、ここを守護の要としました。

そして日光二荒山神社を整備し、後に日光東照宮が築かれることになります。

日光白根山そして日光三山が江戸の主山ですが、その大元となる祖山は、言うまでもなく**富士山**です。

風水の中心である**富士山**より発する龍脈は、南アルプス、八ヶ岳、丹沢山地によって四囲に流れています。

日光白根山もその旺気を脈する主山であって、また富士の東に位置する丹沢山地も主山に準ずる形となって、江戸は富士の旺気に抱かれるように位置する最高度に恵まれた明堂となっているのです。

この明堂の旺気を支えるのは南に位置する水朱雀たる江戸湾、そしてその先に案山たる鹿野山《かのうざん》と、朝山たる嶺岡山浅間が控えて、完璧な風水適地を形成しています。

ちなみに鹿野山の山頂には真言密教の霊場として有名な神野寺《じんやじ》があって、ここは家康によって手厚く保護されて大いに発展したものです。

〈神籬＝青龍〉は、千葉・房総半島です。

房総半島は、関東で唯一「照葉樹林」地帯であり、今もなお照葉樹の森が残っています。

古神道に云う神籬は、まさしく照葉樹林のことであって、いわゆる「鎮守の森」がこれにあたります。

「千葉」の名は、生い茂る豊かな緑をそのまま地名としたもので、かつては誰が見ても「千の葉の森」でした。

東京都心部から直線距離では近いにもかかわらず、神奈川や埼玉のように発展することなく、近年まで神籬として良く保たれていたのです。

しかし残念ながら、ゴルフ場造成ブームという突如として始まった乱開発は、房総の森を斑模《まだら》様にしてしまいました。羽田発着の航空機に乗って、離着陸の際に上から見ると悲しくなります。

房総半島は、ゴルフ場模様になってしまっているのです。

そこに産廃の不法投棄が追い討ちをかけ、今や房総の神籬は危殆《きたい》に瀕しているのです。

〈磐座・磐境＝白虎〉は、丹沢山地の独立峰・大山の磐座・磐境です。

図でご覧のように、江戸・東京の天心十字の線は、左回りにわずかにずれています。

しかしこれは、「恵方《えほう》」の角度に正しく重なります。

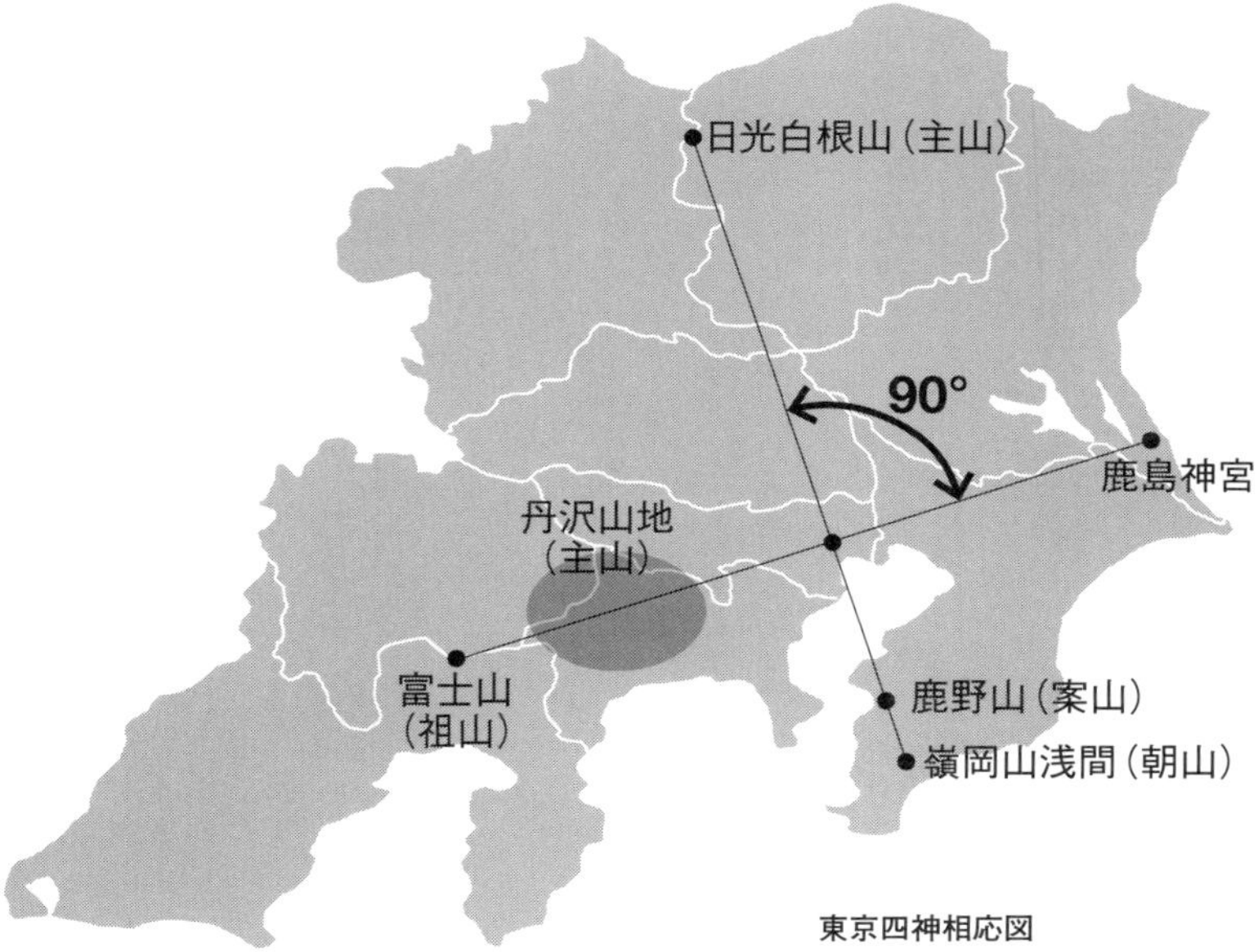
日光白根山（主山）
90°
鹿島神宮
丹沢山地
（主山）
富士山
（祖山）
鹿野山（案山）
嶺岡山浅間（朝山）

東京四神相応図

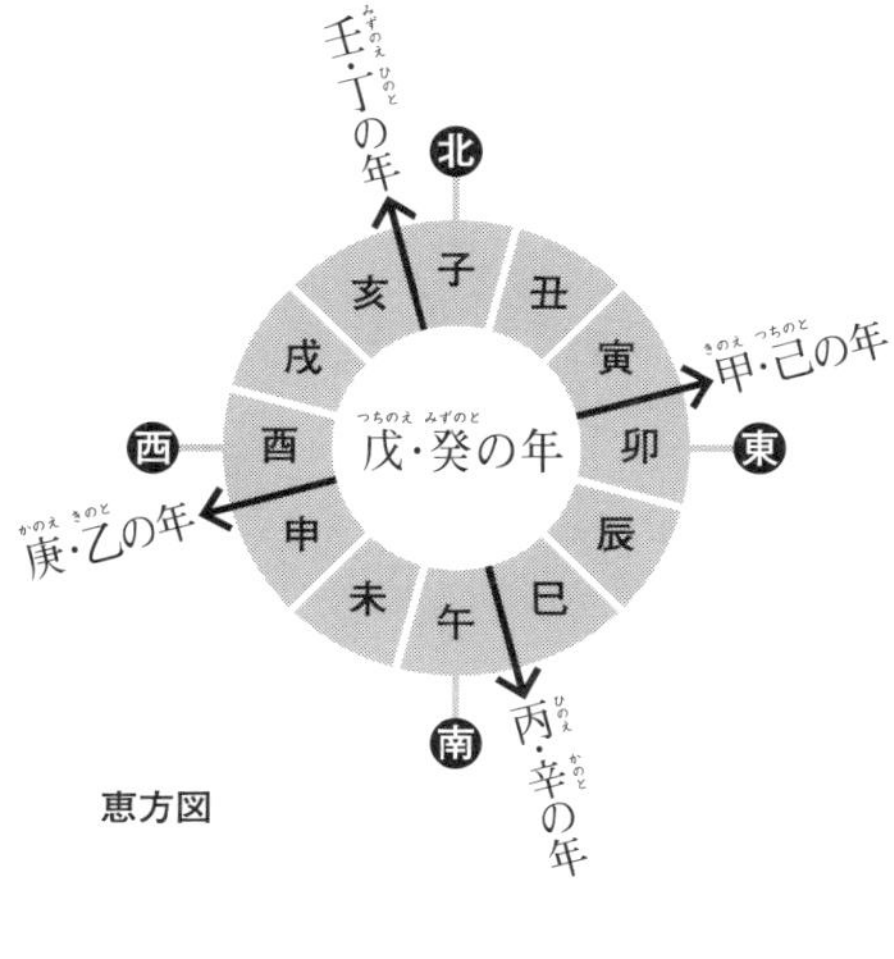
壬《みずのえ》・丁《ひのと》の年
北
子
丑
寅
甲《きのえ》・己《つちのと》の年
卯
東
辰
巳
午
南
丙《ひのえ》・辛《かのと》の年
未
申
庚《かのえ》・乙《きのと》の年
酉
西
戌
亥
戊《つちのえ》・癸《みずのと》の年

恵方図

ちなみに恵方という概念は陰陽道独自のものであって、他にはありません。歴代の宮都すべてが子坐午向《しざごこう》（真北を背に南面すること）であるにもかかわらず、江戸・東京のみが恵方に合わせた天心十字なのです。これこそは、江戸の街の螺旋水路とともに、日本風水の発露の証であるでしょう。

〈**靈＝朱雀**〉は、南の天より江戸の地を照らす日輪です。

また、旺気をとどまらせる水朱雀としての江戸湾です。

これについては多くの解釈は不要でしょう。

以上、東京の風水が富士山に依拠していることがよくわかりますね。

だからこそ、江戸重継も太田道灌も徳川家康も、この地を選んだのです。そして、天海は、それを発展的に利用したのです。

新たな龍脈

ここに紹介したように、対数螺旋の水路こそは、江戸の一大発展の原理でした。

ただ残念ながら、現在の東京はこの形状をとどめていません。

濠はあちこちで埋められて寸断され、皇居の周囲を除けば、あとはコマ切れの溜め池にすぎない状態です。

「内堀」「外堀」などという呼び名が現代において定着しているのは、この所為もあるでしょう。現在の東京都内の地図を眺めても、もはや「螺旋水路」を見て取ることは困難です。

さてそれでは、「螺旋水路」の失われた東京は、弱体化しているのでしょうか。ところが現代の東京は、あらゆる意味で最高度に発展したのを裏付けるように、風水もより強力になっているのです。

その根拠は何か？

実は、「鉄道」と「道路」が水路に代わってその役割を果たしているのです。

かつて水路は、都市の経営にとって重要な機能の最たるものでした。とくに江戸と大坂は、基幹交通路として活用され、平時は経済活動の動脈として、また非常時は防衛線となっていたのです。

しかし時代は急激に変化しました。

それにともなって水路の役割もまったく変わりました。

鉄道が発達してまず物資の運送運搬機能が失われ、さらに道路と各種車輌の急速な発達は、水路をほとんど無用のものと化したのです。

存在意義が希薄になれば、風水の意義も希薄となります。それが人工施設の宿命です。

もともと存在する大自然の「四神」は、人間社会がいかに変化しようとも基本的には不動です。

しかし四神相応の整合を図るために人工的に整備造作されたものは、環境が変わって意義に異動があれば当然変わるものです。

たとえば京都の鴨川の意義が希薄となったのも時代の変化、社会の変化のゆえでした。この青龍が土木工事によって建設されたのは時代が求めていたからでもあって、したがって時代が移り変わればその価値も変わります。

鴨川は、どぶ川時代を経て、飾りものの観光資源となったのです。

東京の隅田川も同様です。

もはやそれらの水路は、日本の文明や社会の発展にとって絶対条件ではなくなりました。

あえて比較するならば、その必要性において、道路に及ばないことはもちろんですが、鉄道にさえもはるかに後塵を拝するものでしょう。

ヴェネツィアのような水上都市であるならいざ知らず、現代の都市にとって水路はもはや補助的な機能でしかないのです。

そして、より大きな経絡《けいらく》に、より強い「気」が集まり伝わるのは基本原理です。

したがって、いま最も強い「気」は、最も大きな幹線道路や幹線鉄道によって導かれているということになります。

東京には「環状線」と称されている鉄道と道路が建設され、それらは今もなお生長し続けています。

そして関東・東京のそれは、ひたすら丸の内界隈を目指すようデザインされているのです。

そしてその手法のパイオニアが天海なのです。

天海の呪術の特異性は、ただ一点に収斂されます。

そう、その答えこそは「**富士山**」なのです。

富士山をすべての根源に位置付けることで、これまでの陰陽道（風水・方術）とは異なる原理を生み出しているのです。

江戸・東京が富士山に呪縛された都であることは認識していただけたかと思いますが、それではなぜそれほどまでに富士山を畏敬するのか。次章で、その「秘密」を解き明かしましょう。

㊋の章 火の神話

中央構造帯に居並ぶ一宮

前章で見たように、「強力な風水」によって繁栄殷賑《いんしん》を極めてきた江戸・東京ですが、定期的に大地震に襲われています。

この地は稀に見る風水好適地ですが、火山帯と大陸プレートの影響で定期的に大地震に見舞われるという宿命も背負っています。

そして、いかなる風水技法も、さすがに大自然に逆らうことはできません。

風水は、もともと大自然の脈動に添い従うことですから、当然と言えば当然ですが。

現在も、東京ないしは関東中南部に、直下型の大規模地震が起きるであろうことは現代科学でも度々警告されています。

ただ、それがいつなのか誰にも予測ができない——ということになっています。しかし本当に予測不能なのでしょうか。

天文地理の手法を逆に使って、今後十年間の天体シミュレーションをおこなってみました。太陽系の惑星（木星・火星・土星・金星・水星）と月・太陽が地球の片側に偏る年月日時のチェックです。

天文ソフトウェアで太陽系俯瞰図を高速で送り続け、どんな天体図が描かれるのかひたすら眺めてみます。

すると当然のことですが、やはり時折〝危険な配置〟が見出されます。むろんその危険は〝日本限定ではなく〟地球全体に対してのものです。

この方法で過去の大地震をチェックしてみると、かなり高い確率で合致することは誰にでも確認できます。

日本史上最大規模であったとされる宝永地震は、宝永四年十月四日、西暦に置き換えると一七〇七年十月二十八日になります。

この年はすでに四月頃から惑星の偏りが始まり、それにともなって各地に地震が起きています。しかもこの時は〝偏り〟はなかなか解消されずに、実に半年余りも続くという異様な状態が続きます。通常は数日で解消されるので、きわめて稀な状況であったのです。

そしてついに十月二十二日から二十八日までの一週間にわたり、火星・金星・水星・太陽・月・地球・海王星がほぼ直線に並ぶという奇跡的な配列が出来《しゅったい》します。

それによって地球上に引き起こされた影響は甚大で、日本では東海・中部・関東に及ぶ群発地震と、その集大成とも言うべき宝永地震となるのです。

推定されるマグニチュードも実に八・四という未曾有の強大さでした。

これは、阪神淡路大震災は言うまでもなく関東大震災をも上回るものです。

そしてその四十九日後にトドメを刺すかのように富士山は噴火したのです。


ということは、これから先は、この配置に用心しなければならないということでしょう。

いずれ地球の片側に月と太陽と、大半の太陽系惑星が集合する時、合算された最も大きな引力潮汐力《ちょうせきりょく》が地球を襲うことになります。

その時に破裂するのは蓄積されたエネルギーが相対的に最も高くなっている場所です。

それは地球上のあるゆる場所に可能性があるということです。

そしてもしその時に、富士山にエネルギーが溜まっていれば、噴火するスイッチが入ることになります。

あるいは、もしフォッサマグナの蓄積エネルギーがその時に該当すれば、一気に裂けて、関東・東海・中部は未曾有の大地震に襲われるでしょう。

なお、私はその手の〝予知・予測〟は基本的におこなわない（公表しない）ことにしておりますので、興味のある読者はご自分で天体シミュレーションしてみてください。根気よく丹念におこなえば誰にでも可能ですので。

ちなみに、「数年のうち」にもその危機はあるということだけは警告しておきたいと思います。

とくに東京の「京浜東北線より東側の地域」にお住まいの方々は、どうぞ日頃から準備万端怠りなく！

なお、古社――一一〇〇年以上前から同一の地に鎮座し続けている神社――の鎮座する場所は、天変地異とはほとんど無縁です。

かつて日本民族はこのような〝聖地〟を見出す技術を備えていました。

道教・風水の輸入される以前のことです。

そしてそこに神を祀ったのです。

それが「古神道」というものです。

現在古社が祀られている場所はそういう場所です。

延喜式内社《えんぎしきないしや》――『延喜式神名帳《じんみようちよう》』に収載されている神社――が地震で倒壊したことはほとんどありません。

つまり、『延喜式』が編纂開始された九〇五（延喜五）年以後、少なくとも一〇〇〇年余は安泰だったということです。

この事実は何よりの証左《しようさ》でしょう。

地理風水ではその立地ポイントがすべて龍穴《りゆうけつ》であると、すでに判明しています。

図をご覧ください。静岡から新潟にかけて列島を横断している帯はフォッサマグナです。

東西に縦断しているラインが中央構造帯です。

中央構造帯は茨城県と千葉県の境目から、熊本県と鹿児島県の境目までつながっています。

このライン上に、東から順に以下の神社が鎮座しています。

▼**鹿島神宮**《かしま》（常陸国一宮）茨城県鹿嶋市宮中
▼**諏訪大社**《すわ》（信濃国一宮）長野県諏訪郡下諏訪町
▼**砥鹿神社**《とが》（三河国一宮）愛知県豊川市一宮町
▼**伊勢神宮**　三重県伊勢市
▼**丹生都比売神社**《にうつひめ》（紀伊国一宮）和歌山県伊都郡かつらぎ町
▼**伊太祁曾神社**《いたきそ》（紀伊国一宮）和歌山県和歌山市伊太祈曽
▼**日前宮**《にちぜんぐう》（日前神宮《ひのくま》・國懸神宮《くにかがす》）（紀伊国一宮）和歌山県和歌山市秋月
▼**大麻比古神社**《おおあさひこ》（阿波国一宮）徳島県鳴門市大麻町
▼**阿蘇神社**《あそ》（肥後国一宮）熊本県阿蘇市一の宮町
▼**新田神社**《につた》（薩摩国一宮）鹿児島県薩摩川内市宮内町

ライン上に鎮座するこれらの古社大社は、伊勢を別として、すべて一宮《いちのみや》です。それぞれの「国」の最上位のお宮ということです（紀伊国のみ三社あるのは特別な謂《い》われのため）。

つまり最も古くから日本人が崇敬してきた聖地なのです。

これを単なる〝偶然〟と片付けることはできないでしょう。

諏訪大社
丹生都比売神社
鹿島神宮
阿蘇神社
中央構造帯
フォッサマグナ
砥鹿神社
伊勢神宮
日前宮
大麻比古神社
伊太祁曽神社
新田神社

なにしろいずれも創建から二〇〇〇年前後は間違いなく経過している古社なのですから。

中央構造帯というものを私たちが認識したのはつい最近ですが、一宮ははるか昔からここに鎮座しているのです。

そもそも「一宮」は、その由縁・謂われ自体が古すぎて実はよくわかっていません。

そのため、明治時代には神祇省主導で、新たな神社制度として官国幣社《かんこくへいしゃ》制度を創設して指定し直すのですが、結局は古くからの「一宮」という呼称は失われずに残っています。

私は、その意味は明快だと考えています。

すなわち「荒ぶる神を鎮めるために建っている」のだと理解しています。

これらの古社が倒壊するような大災害があるとすれば、それは少なくとも二〇〇〇年ぶりのものになるはずです。

さて、図でおわかりのように、中央構造帯はフォッサマグナと交差しています。

日本列島は、フォッサマグナという巨大断層で東西に真っ二つに分かれています。

これは、ドイツ人地質学者ナウマンによって明治期に発見され命名された大断層で、ラテン語で fossa は「裂け目」、magna は「大きい」の意味です。

先に紹介した図では幅の広い帯状になっていますが、これは近年の地震学の〝迷い〟の産物です。

かつての地震の影響をすべて平等に扱ったために、断層のラインを特定できず、こんな広範囲としてしまいました。日本の地震学が〝自信〟を喪失した証しでしょう。

地形を概観すれば、北は糸魚川から、南は富士川に続く地層の裂け目があることは簡単にわかります。

そしてその真ん中に諏訪湖があります。

本州中央部を東西に両断しているのが一目でわかります。

また、実際に歩いてみれば誰にでも確認できます。

その名の通り最も大きいところでは数十メートルほどの垂直断層となっており、本州を「真っ二つに分けている」というのは比喩ではありません。

断層の東西では地質も異なり、動植物相もかなり違います。

これだけの段差は、今でこそ普通に行き来していますが、かつては動物も植物も簡単には行き来できなかったことでしょう。

何万年もの間それが続けば、お互いに別世界となったに違いありません。

ここを境目に東西文化の断絶があったかもしれないとは、現代の私たちにも容易に想像がつきます。

実際に植物相は現在でもかなり違うという調査結果がありますが、それなら人間の文化にも当然少なからぬ影響があるでしょう。

日本の東西の文化相が異なることは誰でも知っている事実ですが、その原因の一つに地理的かつ物理的理由があるかもしれないということで、しかも時代が古ければ古いほど影響は顕著になるはずだからです。

日本文化の東西の違いは、案外根が深いものなのかもしれません。

東西文化の比較論は日本史全般の重要な視点の一つですが、フォッサマグナという地理的かつ物理的ファクターはその答えに大きな影響を与えるでしょう。

日本列島は世界各国の中でも決して大きな国土ではありません。

しかしこれだけの大きな断層は、その大きくない国土の中でも差異が生じるほどのファクターなのだといくつかの事実が語っています。

しかも驚くべきことに、この断層は洪積世初期にはすでに活動していたと考えられるため、東西の断裂の歴史は二〇〇万年近くに及ぶことになります。

そう考えれば、日本列島の東西が自由に行き来できるようになったのは、むしろごく最近のことなのです。


諏訪湖は、この巨大断層の真ん中に出来た断層湖です。

しかもここは、中央構造線も交差しているクロス・ポイントなのです。

いつかこの断層で大規模な地震が起きるであろうことは既定の事実ですが、その象徴のように諏訪湖は誕生したはずです。

とすれば、恐るべき大地震の記憶とともに、その昔には湖そのものが畏怖畏敬されていたと考えられます。それが諏訪信仰の原型だろうと私は考えています。

宝永地震も富士の噴火も、当然この大断層と無縁ではないでしょう。

本州を真っ二つに割っているこの断層が次に地震を起こすのは二〇〇年以内とされていますが、それは明日かもしれないということなのです。

噴火する富士山

中央構造帯とフォッサマグナの交点は諏訪湖だと考えられますが、フォッサマグナの〝心臓部〟こそは「富士山」です。

富士山そのものを御神体・境内とし、山頂を奥宮とする神社は**富士山本宮浅間大社**《ふじさんほんぐうせんげんたいしゃ》です。

▼富士山本宮浅間大社（駿河国一宮）
本宮：静岡県富士宮市宮町
奥宮：富士山山頂
山宮：静岡県富士宮市山宮字宮内
【主祭神】 木花之佐久夜毘売命

祭神のコノハナノサクヤヒメについては神社本庁の公式記録に従ってここではそのまま掲示し

ますが、これには〝問題〟がありますので、後ほど述べたいと思います。

なお、全国の浅間《せんげん》神社・富士神社等の総本宮がこちらの神社ですが、富士山の周囲（静岡県と山梨県）にはいくつかの浅間神社（または別名）が鎮座しています。主な神社だけでも左記の通りです。

▼**静岡浅間神社**（静岡県静岡市葵区）
▼**富知六所《ふじろくしょ》浅間神社**（静岡県富士市浅間本町）
▼**富智《ふくち》神社**（静岡県富士宮市朝日町）
▼**浅間神社**（山梨県笛吹市　＊甲斐国一宮）
▼**河口浅間神社**（山梨県南都留郡富士河口湖町）
▼**一宮浅間神社**（山梨県西八代郡市川三郷町高田）
▼**富士御室浅間神社**（山梨県南都留郡富士河口湖町）
▼**小室浅間神社**（山梨県富士吉田市）
▼**北口本宮富士浅間神社**（山梨県富士吉田市）

富士山をぐるりと取り巻くように鎮座しているところから、古代の人々がいかにこの火山を畏怖していたか実感されます。

ところでごく最近も、こんな事実が報道されていました。

「富士山噴火、過去２０００年で43回」…産総研

「富士山では過去約２０００年間に、溶岩が流れ出す規模の噴火が少なくとも43回あったとの調査結果を、産業技術総合研究所（産総研、茨城県つくば市）がまとめた。

空白部分が多い富士山の地質図を改訂するため、15年かけて行った地質調査の成果。新たに判明した噴火の記録を盛り込んだ地質図の試作版を20日、鹿児島市で始まった国際学会で公表した。

富士山はすそ野が広く、どんな岩石や地層が広がっているかを探る調査が他の主要火山より遅れていた。現行の地質図（１９６８年発行）は、東側斜面の大半が空白になっており、産総研の山元孝広・総括研究主幹らの調査チームが98年以降、約９００平方キロ・メートルを踏破。岩石の組成や分布を調べ、溶岩の放射性炭素の量が時間の経過とともに変化する性質を利用して、噴火時期も割り出した。」（２０１３年7月21日『読売新聞』）

つまり、平均すると四十七年に一回ほどの割合で富士山は噴火しているのです。
もちろん立て続けに噴火することもあれば、休止期間が長引くこともあります。
富士山は一七〇七（宝永四）年に噴火して以来、活動を休止しています。
すでに三〇〇年もの間、噴火していないのです！

数値的には六回分のエネルギーが溜まっていることになります。ちょっとした引き金で、一気に噴き出す可能性が高いとは今や誰もが口を揃えて指摘するところです。

問題は、その「引き金」が何か、ということですね。

私は「惑星配列」もその一つになると考えています。

千木・鰹木が示す「浅間神社の主祭神」

さて、先に指摘した祭神の〝問題〟について述べることにしましょう。

浅間神社が鎮める「荒ぶる神」とは誰か？

浅間神社の祭神は「木花之佐久夜毘売命」であると広く知られています。

では、コノハナノサクヤヒメが「荒ぶる神」なのでしょうか？

たいへんな美人だともされますが、恐ろしい感じは全然しませんね。

近年の資料ではコノハナノサクヤヒメは「大山祇神《おおやまつみのかみ》」の別名であるという表現もしばしば見かけます。

しかし大山祇神は「山の神」であって、広く一般に古くから信仰されているまったく別の神です。

富士山とは直接には関係のない「大山祇神社」として鎮座するものだけでも三〇〇社以上に上り、それらの本宮は愛媛県の大山祇神社です。

▼大山祇神社《おおやまづみ》（伊予国一宮）　愛媛県今治市大三島町宮浦

【主祭神】大山積神

コノハナノサクヤヒメが浅間神社の主祭神かどうかを示す具体的な事実もあります。

「千木・鰹木」というものをご存じでしょうか？

難しい文字ではありませんが、一般の方には馴染みがないでしょう。

これは「ちぎ」「かつおぎ」と読みます。

千木は、神社の屋根の両端に交差して天に向かってそそり立っている軸木のことです。

鰹木は、神社の屋根の頂に並んでいる鰹節のような形の丸太です。

神社建築には多くの種類がありますが、千木・鰹木の両方あることが古い様式とされています。

代表的な社殿には出雲大社（大社造）や伊勢の神宮（神明造）がありますが、寺院に影響を受けた後世の社殿でも、千木や鰹木を組み込んだものも少なくありません。

これは神社建築の象徴であって、重要な記号です。

起源にはいくつかの説がありますが、元々は単純に構造や機能に由来したものでしょう。

千木は、屋根の枠木がそのまま切り落とされずに残ったものでしょうし、鰹木は、重しでしょう。

いずれにしても由来や淵源《えんげん》のわからないほどに古い成り立ちのものです。

また、すでにそういった構造や機能からは独立した意匠・デザインになっています。

絵画や模型などで神社を表現する時に、これさえ守ればそれらしくなるほどです。


でもこれは、実は単なる意匠・デザインではありません。

そこには重要な意味が体現されているのです。

これこそは古代人からの暗号・記号《サイン》でもあるのです。

文字さえもなかったような古い時代の人々からの重要なメッセージがここにあります。


千木には二種類あります。

内削《うちそ》ぎと外削ぎ、です。

先端を水平に削るのが内削ぎ、垂直に削るのが外削ぎです。

そして、内削ぎの千木が聳《そび》える社殿には、女神が祀られているのが原則です。

外削ぎの千木が聳える社殿には、男神が祀られているのが原則です。

古代の人々は、いかなる理由によるかはともかく、そう決めたのです。

そのルールによって、以来二〇〇〇年以上にわたって神社は建築されてきました（例外はあります）。

そして鰹木にも二種類あります。

偶数と奇数です。

そして、偶数は女神、奇数は男神を祀るのが原則です。

したがって、内削ぎの千木には鰹木は偶数本であり、外削ぎの千木には鰹木は奇数本であり、それが社殿建築の大原則なのです。

たとえば、出雲大社は、外削ぎ・奇数ですから祀られている神は男神です。

伊勢の内宮は、内削ぎ・偶数ですから、祀られている神は女神ですね。

さあそして、富士山本宮浅間大社の千木・鰹木は、と言えば——外削ぎで奇数、なのです。

つまり、ここに祀られている神は「男神」であることを示しています。

これに対して、コノハナノサクヤヒメは女神ですから、主祭神ではないということです。

〝別名〟などという姑息な表現で大山祇神を当てはめたのは、もちろん間違いです。

大山祇神は、火山ではない、山岳の古い神のことです。

富士山本宮浅間大社本殿

それではなぜ、コノハナノサクヤヒメが浅間神社の祭神になったのでしょう?
これには〝俗信〟〝俗説〟が関わっていると思われます。
「山の神は女神である」との俗信は日本ではかなり古くから広まってい

ます。

女性が山へ入ると罰《ばち》が当たる、というのは神山は女人禁制であることが多いため、女性の「けがれ（月経）」からの発想でしょう。

また、男性登山者が女性を同伴すると山の神が嫉妬して遭難する、などというのも女神と見なす俗信です。

そして山の中の山である富士山の女神をコノハナノサクヤヒメとするのは「かぐや姫」からの連想でしょう。

かぐや姫は「輝くばかりに美しい」と『竹取物語』に記されており、しかも、最後は姫の置き土産である不老不死の薬が富士山山頂で燃やされるという縁があります。

一方、コノハナノサクヤヒメは日本神話の中で、はっきりと「美人」「美女」であるとして記されています。

神々の容貌容姿について描かれるケースはきわめて珍しいのですが、必要あって描かれているのです。

天孫ニニギは降臨した際に、日向でコノハナノサクヤヒメと出会って求婚します。

姫の父神オオヤマツミは喜んで、姉のイワナガヒメとともに差し出します。

ところがニニギは、醜いイワナガヒメは送り返して、美しいコノハナノサクヤヒメとだけ結婚します。

オオヤマツミはこれに怒り、

「娘二人を一緒に差し上げたのは、イワナガヒメを妻とすれば天神の御子の命は岩のように永遠となり、コノハナノサクヤヒメを妻とすれば木の花が咲くように栄えるとの誓約を立てたからだ。コノハナノサクヤヒメとだけ結婚するなら、御子の命は木の花のようにはかなくなるだろう」と告げたのです。

これによって、以後、天皇の寿命は神々ほど長くないという由縁です。

――コノハナノサクヤヒメが「美人」でなければこのお話は成立しないので明記されたということですね。

ということで、さらにもう一つわかることがあります。

コノハナノサクヤヒメが浅間神社の祭神とされるのは『竹取物語』以後ということです。『竹取物語』が成立したのは早くても九世紀前半頃とされていますので、コノハナノサクヤヒメが祭神とされたのもそれ以後ということになります。つまり、さほど古い話ではないのです。

「山宮」から「大社」へ変身

さてそれでは、富士山の神とは何者なのでしょう?

現在の鎮座地に社殿が造営されたのは八〇六（大同一）年、平城《へいぜい》天皇の勅命を奉ずる坂上田村《さかのうえのたむら》麿《まろ》によるとされます。

つまり、「記・紀」の成立よりも後のことです。

意外と新しい、と思われるでしょう?

先ほど記したように、富士山本宮浅間大社は三つの宮から成り立っています。

本宮：静岡県富士宮市宮町
奥宮：富士山山頂
山宮：静岡県富士宮市山宮字宮内

この中で、本宮だけが新しいのです。

本宮が建設されるまでは、実は山宮《やまみや》が本宮であって、そこから遷座《せんざ》されたものなのです。

山宮浅間神社《やまみやせんげんじんじゃ》には社殿がありません。

老木に囲まれた空間そのものが宮であって、直接に富士山を祀るという古代祭祀の形を残している神社です。

これを神籬《ひもろぎ》といいますが、すべての神社の中で、最も古い起源をもつものの一つです。

ここで祀られてきたのは浅間大神《あさまのおおかみ》です。

別名、富士《ふじ》大神《おおかみ》。

これこそが富士山の神です。

山宮が祀るのは浅間大神（富士大神）のみであって、コノハナノサクヤヒメはまだ祭神となっていません。

巫女神として大神にお仕えするようになるのは、山宮から六キロメートルほど里へ降りて、そこに大社の壮大な社殿が建立された八〇六（大同一）年より以後なのです。

それまでは、コノハナノサクヤヒメは富士山とは無関係です。


山宮と大社の由来を示唆するのは「山宮神事《やまみやしんじ》」です。

この神事は「御神幸《ごしんこう》」と呼び、大社と山宮とをつなぐ道を今も「御神幸道」と呼びます。本宮が建立されて以来、浅間大社の例大祭がおこなわれる春四月と秋十一月に、御神幸もそれぞれおこなわれていました。

しかし明治六年、新暦に替わる際に大社の例大祭が十一月のみとなり、それにともない山宮神事・御神幸もおこなわれなくなってしまいました。


神事次第を簡単に紹介しておきましょう。

未の刻（午後二時）に、大宮司以下神職たちが、霊位の依り坐す御鉾を奉じて山宮に詣でます。

それから深更まで一連の祭儀をおこない、そのまま参籠します。

翌朝丑の刻（午前二時）、大神の霊位の依り坐した御鉾は、神職に付き従われて山を降ります。

還幸の道中は深夜でも一切燈火を用いません。

大社に着くと、御鉾は本殿内陣に鎮め奉り、神事は終わります。

この後、申の刻（午後四時）から大社の例大祭が奉幣使を迎えて実施されます。

この神事の意味は、四月に大神を里宮へお迎えし、十一月には大神は山宮へ（山へ）お帰りになる、というものです。

年に二回、春と秋、その上で初めて大社の祭祀が執りおこなわれるという約束事なのです。

つまり、コノハナノサクヤヒメは常に本宮にいて、春に浅間大神を本宮へお迎えして、秋まで共に過ごし、秋には山へ帰る浅間大神をコノハナノサクヤヒメがお見送りする、という次第なのです。

浅間大社にとっては、富士山そのものが御神体ですから、その存立の根元に関わる重要祭祀でした。

しかし神事がおこなわれなくなって一〇〇年余が経ちます。いま大神は、里におわすか山におわすか――。

ところで陰陽道・地理風水では「聖地」とは、第一に旺気の発する場所のことです。

すなわち、龍脈の源となる太祖山《たいそざん》であると前章でも紹介しました。

中国ではこれを泰山《たいざん》であるとしています。

泰山から、支那（China）全土に「龍脈」が走り「気」が流れているという考え方です（＊注↓八〇頁）。

その考え方では、日本では富士山こそが太祖山になるでしょう。すなわち日本において富士山にまさる聖地はないということですね。霊地・霊山であれば各地にありますが、それとは次元が異なるのです。富士山の旺気は八方に発して、日本全土におよぶものです。龍脈は山々を経て、各地の龍穴から吹き上げるとされます。古来、特に強力な龍穴が富士山の山麓にあって、それは現在の地名でいうと富士宮市に当たります。

いうまでもなく、富士山本宮浅間大社《ふじさんほんぐうせんげんたいしゃ》も山宮《やまみや》浅間神社もこの地にあります。

ここが最強の龍穴の地であることは、これまでにも少なからぬ人の知るところでした。それゆえに、ここに「宗教拠点」を求める者がいるのです。山宮が最も古いのですが、浅間大社がそれに次ぎます。そのゆえにもとは大宮と呼ばれていました。

その後、仏教や新宗教にも、ここに本部本拠地を設けるものが集まってきます。一例ですが、日蓮正宗・大石寺があります。

また、今でこそ大石寺から離れましたが、創価学会はこの地を長く拠点として教勢を拡大し発展しました。ここは永遠の回帰の地であるはずで、ここが拠点であったからこそ、これほどまでに発展したのだということは創価学会自身が知っているでしょう。

白光真宏会も本拠地・聖地をこの地としています。「世界人類が平和でありますように」という小さな角柱をいたるところに建て続けている教団です。

オウム真理教が一斉捜索を受けた時、本部と名の付くものが富士宮市であったのを知る人はもはや少ないかもしれません。実際そこは意外なほど貧相な住宅で、居住者は女性幹部と一部の関係者だけであったようです。彼女がそこにとどまり、子供を産み育てていたのは、この地の謂われを知っていたからだろうと私は推測しています。


なお、旺気が吹き上げても、それを保持するための地理や地勢が整っていなければ風に吹き飛ばされてとどまらないとされています。とくに、気を湛えるには「水」が必要で、湖が最良とされます。古くからこれは「水朱雀《みずすざく》」と呼ばれています。

富士の周囲に散在する「富士五湖」は良い気を湛える典型で、それぞれに名付けられた龍を信仰しています。富士五湖と龍神を紹介しておきましょう。

山中湖《やまなかこ》——作薬《さやく》龍神
河口湖《かわぐちこ》——水口《みなぐち》龍神
西湖《さいこ》——青木《あおき》龍神
精進湖《しょうじこ》——出生《いずう》龍神

本栖湖《もとすこ》——古根龍神《ふるね》

比較するのは不遜ですが、富士山は究極の聖地であって、伊勢に優先するでしょう。その理由はここに述べた通りです。

伊勢の内宮は実は「アンチ富士」の存在として設計されているのですが、そのことはまた後で述べます。

なお、富士山本宮浅間《せんげん》大社が富士山を祀ることから、一般に「浅間（センゲン、アサマ）」を富士としていますが、「浅間《あさま》」は火山の古語です。

長野と群馬にまたがる浅間山《あさまやま》も、火山活動がひときわ活発であることによってそう呼ばれたもので、富士山との関係によるものではありません。

なお、九州の阿蘇《あそ》も語源は浅間《あさま》であろうとされますが、むしろ逆ではないかと私は考えています。

というのも、阿蘇山の噴火は富士より古く、しかも大規模でした。

ちなみに、噴火によって山容の上層部が吹き飛ぶ以前は、富士山よりも高山であったとされます（富士山も、今度大規模噴火する時には、七合目から上は吹き飛ぶという説もあります！）。

それははるか九万年前のことで、富士山が現在の姿になったのが一万年ほど前ですから、阿蘇山の古さがわかるでしょう。

それゆえに、「アソ」は火山の代名詞となりました。

音韻転訛の成り行きから考えて、おそらく「アソ＋ヤマ」→「アソヤマ」→「アサマ」となったものでしょう。そして「アサマ」は「火山」の代名詞となりました。

富士山の神名は浅間大神《あさまのおおかみ》（富士大神《ふじおおかみ》）ですが、このように土地の呼び名がそのまま神の名になるという最も古い形の神名です。「縄文の神」の代表格です。

＊注　文中「支那（China）」と表記しているのは、一般に「中国」と呼ばれている地域の通史用語として用いているものです。「中国」という表記は近代になって用いられるようになったもので、古代を含む歴史を語るには不適当です。「支那」は日本ではすでに平安時代から用いられておりますが、国際的にも紀元前後から近似発音として用いられており、英語のChinaの語源ともなったことから現在では国際的な共通語です。一部の人が「支那」を差別用語としていますが、そのような意味合いはまったくありません。参考までに各国語を挙げておきます。

China（シナ）＝オランダ語
China（シナ）＝ポルトガル語
China（チナ）＝スペイン語
China（ヒナ）＝ドイツ語
China（シーヌ）＝フランス語
China（チナ）＝イタリア語

したがって本書では、現在の中華人民共和国に相当する地域を通史的には以後「支那（China）」と表記します。

推古天皇が初めて祀った「地震ノ神」

ところで、正史『日本書紀』の記録では、地震の神を初めて祀ったのは推古天皇です。

推古天皇七（五九九）年の条。

「七年の夏、四月《うづき》の乙未《きのとひつじ》の朔辛酉《ついたちかのととりのひ》に、地動《なゐふ》りて舎屋《やかず》悉くに破《こぼ》たれぬ。則ち、四方《よも》に令《みことのり》して、地震《なゐ》の神を祭らしむ」

夏に大地震があり、ただちに全国に「地震《なゐ》の神」を祀らせたとあります。

地震の古語は「なゐ」あるいは「ナヰ」。

地震が起きるは「なゐふる」。

もとは土地を「なゐ」といい、土地がゆれることで「なゐふる」でしたが、地震そのものをも「なゐ」というようになっています。

『古事類苑』の地部より「地震」の項を見てみましょう。

「地震ハ、古クハ、ナヰト云ヒ、又ナヰフルトモ云ヘリ、鳴動ノ義ナリ、後世ノ俗、仍ホナヰト云ヒ、或ハナヱ、ナイユルナド稱スル處モアレド、多クハ音讀セシモノ、如シ、我國古來地震ヲ以テ聞ユレドモ、其事ノ史冊ニ見エタルハ、日本書紀允恭天皇五年七月紀ヲ以テ始トス、（中略）而シテ地震ノ既ニ發シタル時ハ、朝廷ニテハ陰陽道ニ命ジテト占セシメ、或ハ地震ノ神ヲ祭リ、或ハ之ヲ山陵ニ告ゲ、或ハ臨時ニ大祓ヲ行ヒ、或ハ祈禱ヲ修セシム、而シテ地震ニ由テ朝儀ヲ停メ、年號ヲ改メ、救恤ヲ施シ、恩赦徳政ヲ行フ等ノ事モ、亦古クヨリ之レ有リキ、」

地震記録の初出は允恭天皇ですが、地震神を祀らせたのは推古天皇が初のようです。

三重県名張の名居《ない》神社は、この時に祀られた神社の一つであるという伝承があります。

▼名居《ない》神社　三重県名張市下比奈知

【祭神】大己貴命　（配祀）少彦名命　天児屋根命　市杵嶋姫命　事代主命　蛭子命

「名居神社由緒書」には次のように記されています。

「日本書記によれば推古七年に大和地方が中心の大地震があって諸国に地震の神が祭られた。伊賀では当名居神社がそれであろう。ナイは地震の古語である。江戸時代は国津大明神と稱し比奈知川上流に散在する国津神社の惣社であった」

国津神・大己貴命を祭神としているのは、大地の神からの発想でしょうか。

推古天皇の記録でも、もともとその神がなんという神か明かされていないので、後世、地鎮祭の神は、大地主神や鹿島神とされるようになったのですが、俗信にもとづく後付けの付会《ふかい》と思われます。

とりわけ鹿島神は、香取神とともに〝地震鯰《じしんなまず》〟の頭と尾とを押さえているとされていますが、むろん〝地震鯰〟が俗信であることは言うまでもありません。

とはいえ、鹿島神がなぜ「地震」を鎮める神とされるようになったのか、そこには理由があるはずです。

しかも、鹿島は中臣《なかとみ》氏の出身地です。藤原氏の氏祖である中臣鎌足《なかとみのかまたり》の血脈ですね。中臣鎌足が「フジ原」という氏族名を拝領したのは、「フジ山」と無縁ではないと、私は考えています。

現代の関東地域に生きる私たちは、富士山の噴火などすっかり忘れ去っていますが、鹿島神宮が地震鎮撫の神として崇敬されるようになった時代には、富士山はまだ「活火山」でした。絶え間なく噴煙が立ち上り、そして時折噴火して大量の火山灰を関東全域に降り注ぐ、恐ろしくも巨大な存在だったのです。

さながら現在の桜島（鹿児島県）のように見えていたのやもしれません。

九世紀半ばに書かれた『富士山記』に、その様子が書かれています。

一二〇〇年前の姿を偲ばせる『富士山記』

富士山そのものをテーマとして書かれた文章としては和歌を除けば最古のものは、都良香《みやこのよしか》（八三四〜八七九）の『富士山記』です。

後世、富士山について書かれた文章は、その多くが九世紀に書かれたこの一文に依拠しています。これより古い具体的な「富士山情報」はほとんどないと断言できます。

読んでみると、あの伝承もこれに基づいているのかと気付くことも少なからずあると思います。作者の都良香は文章博士でもあり、詩人・名文家でもありますから、原文を紹介しておきましょう。

原文は漢文ですが、さほど長い文章でもありませんので、「書き下し文」と「現代語訳」を紹介します。読みやすいように段落分けしています。声に出して朗唱するとなかなか気持ちの良い文章ですよ。

文語が苦手なかたは「書き下し文」を飛ばして、後段の「現代語訳」をご覧ください。

◉書き下し文

富士山は、駿河國《するがのくに》に在り。峯削《みねけず》り成せるが如く、直《ただ》に聳《そび》えて天に屬《つづ》く。其の高さ測るべからず。史籍の記せる所を歴《あまね》く覧《み》るに、未《いま》だ此の山より高きは有らざるなり。其の聳ゆる峯欝《さかり》に起《おこ》り、見るに天際に在りて、海中を臨《のぞ》み瞰《み》る。其の靈基《れいき》の盤連《ばんれん》する所を觀るに、數千里の間に亙《わた》る。

行旅《こうりよ》の人、數日を經歴して、乃《すなわ》ち其の下《ふもと》を過ぐ。之《ここ》を去りて顧《かえり》み望めば、猶《なお》山の下《ふもと》に在り。蓋《けだ》し神仙の遊萃《ゆうすい》する所ならむ。

承和年中に、山の峯より落ち來《きた》る珠玉あり、玉に小さき孔《あな》有りきと。蓋し是《これ》、仙簾《せんれん》の貫《つらぬ》ける珠《たま》ならむ。

又貞観十七年十一月五日に、吏民《りみん》舊《ふる》きに仍《よ》りて祭を致す。日は午《ひる》に加へて天甚だ美《よ》く晴る。仰ぎて山の峯を觀るに、白衣《はくい》の美女二人有り、山の巓《いただき》の上に雙《なら》び舞ふ。巓を去ること一尺餘《ひとさかあまり》、土人《くにひと》共に見きと、古老傳へて云ふ。

山を富士と名づくるは、郡《こほり》の名を取れるなり。

山に神有り、淺間大神《あさまのおほかみ》と名づく。

此の山の高きこと、雲表《うんぴょう》を極めて、幾丈《いくつえ》といふことを知らず。頂上に平地有り、廣《ひろ》さ一里《いちり》許《ばかり》。其の頂の中央《なから》は窪み下りて、體《かたち》は炊甑《すいそう》の如し。

甑《こしき》の底に神《あや》しき池有り、池の中に大きなる石有り。石の體驚奇《かたちきようき》なり、宛《あたか》も蹲虎《そんこ》の如し。

亦《また》其の甑の中に、常に氣有りて蒸し出《い》づ。其の色純《もは》らに靑し。其の甑の底を窺《うかが》へば、湯の沸き騰《あが》るが如し。其の遠きに在りて望めば、常に煙火《えんか》を見る。

亦《また》其の頂上に、池を匝《めぐ》りて竹生《お》ふ、靑紺柔愞《せいこんじゅうぜん》なり。

宿雪《しゅくせつ》春夏消えず。山の腰より以下《しもつかた》、小松生《お》ふ。腹より以上《かみつかた》、復《また》生ふる木無し。

白沙《はくさ》山を成せり。其の攀《よ》ぢ登る者《ひと》、腹の下に止《とど》まりて、上に達《いた》ることを得ず、白沙の流れ下るを以《も》ちてなり。

相傳《あひつた》ふ、昔役《え》の居士《こじ》といふもの有りて、其の頂に登ることを得たりと。後《のち》に攀《よ》ぢ登る者、皆額《ひたい》を腹の下に黏《つ》く。

大きなる泉有り、腹の下より出づ。遂に大河を成せり。

其の流《ながれ》寒暑水旱《すいかん》にも、盈縮《えいしゆく》有ること無し。
山の東の脚《あし》の下《もと》に、小山有り。土俗《くにひと》これを新山《にいやま》と謂《い》ふ。
本《もと》は平地なりき。延暦廿一年三月に、雲霧《うんむ》晦冥《かいめい》、十日にして後に山を成せりと。蓋し神の
造れるならむ。

◉現代語訳

富士山は駿河の国にある。峯は刃物で削ったように真っ直ぐに聳えて天につづいている。その高さは計り知れない。文献の記録を残らず見渡しても、この山より高い山はない。

その聳える峯は勢いよく高く盛り上がり、その先端は天の際にあり、天空から海中を見下ろしている。その霊峰の続く範囲は数千里もの長い距離にわたっている。

旅人は幾日もかけてこの山の麓を行き過ぎる。通り過ぎたと思って振り返って望み見ると、それでもやはりまだ山の麓にいる。

思うに、この山は仙人が集い遊ぶところなのであろう。

承和年間（八三四〜八四八）に山の峯から落ちて来た珠玉があり、それには小さな孔が空いていたという。おそらくこれは仙人の冠の簾《すだれ》に貫《とお》して付けた飾りの宝石だろう。

また、貞観十七（八七五）年十一月五日に官民が古いしきたりに従って富士の祭祀を執り行

った。日は真昼時になってますます美しく晴れた。振り仰いで富士の峯を眺めると、山頂に白衣の美女が二人いて、山の上で並んで舞を舞っていた。その白衣の二人は山頂を一尺あまりも離れ、浮き上がっていたのを、土地の人々はたしかに見たと、古老は伝え語っている。

山を富士と名付けたのは富士郡の地名から取ったものである。

山には神があり、浅間大神《あさまのおおかみ》と申し上げる。

この山の高きことは、頂上は雲を突き抜けて計り知れない。頂上には平地があって、その広さは一里ばかりである。その頂上の中央部は窪んでいて、形は煮炊きに用いる甑《こしき》のようだ。その甑の底に神妙な池がある。池の中には大きな石がある。石の様相は奇妙で、あたかも虎が蹲っているようである。

その甑の中は常に蒸気を発している。その色は真っ青である。甑の底は湯が湧き上がっているようだ。遠くからこれを眺めると常に煙と火が見える。

その頂上には池を取り巻いて竹が生えている。その竹は青紺《せいこん》でなよやかである。

根雪は春夏も消えない。山の麓から下には背の低い松が生えている。中腹から上にはもうどんな木も生えていない。

山は白砂で出来ている。その山に登る者は、中腹に止まってそれより上には登ることができない。登ろうとしても白砂が流れて滑り落ちてしまうからである。

昔、役行者《えんのぎょうじゃ》という人がいて、山頂に到達することができたと伝えられている。それ以来、ここを登る者は皆額を山腹に付けるようにして登る。

山には大きな泉があって、麓から流れ出る。そしてついには平地で大河となる。

その水の豊かさは、暑い時寒い時も旱魃の折であっても、いつも等しく変わらない。

山の東の麓に小さな山がある。土地の人はこれを「新山《にいやま》」という。

もとはまったく平坦な土地であった。延暦二十一年三月に、雲や霧が真っ暗に立ちこめて、たった十日でその山は出来たという。思うにやはり神が造り給うたのであろう。


この文章で重要なことは「神仙思想《しんせん》」と直結して語られているところです。

ただし、他者から聞き取った「伝承」と、作者・都良香の「見解」とが混在しているので気をつけないと読み間違えます。

「山の峯から落ちて来た珠玉」や「それには小さな孔が空いていた」というのは伝承であり、それを「仙人の簾の玉」とするのは都良香の見解です。

当時の代表的〝知性〟である都良香が、むやみに「仙人」という言葉を用いるとは思われないので、この地に君臨し統治する者を、そう呼んでいるということではないでしょうか。

つまり、神仙思想の体現者であるか、あるいは方術に長《た》けた人物であるか、「仙人」という表現からはそういう意図が読み取れます。

しかも「簾」の付いた冠を戴いているというのですから、王族クラスの高位高官です。

いずれにしても、朝廷の関与しない「別世界」「別の国」が存在するとの暗示が見えます。

また、白衣の美女（天女）が二人、舞を舞っているという伝説は、立ち上る噴煙をなぞらえたものでしょう。しかし「天女」は、これもまた「王宮」を暗示します。

この文章はそのような〝暗示〟に満ちているところが大きな特徴です。

作者の都良香は文章博士ですから、巧みに直接的な表現を避けながら、一種の文学的な表現で、それでも〝真実〟を伝えようとしているのではないかと思われます。

なお、植生について、矛盾しているかのような記述もありますが、これはおそらく「竹」というものを一般の植物とは考えていなかったことに由縁するのではないかと思います。

かぐや姫が竹の中から出現するのも、そういった「特別視」から発生したものでしょう。

ちなみに『竹取物語』は、日本最古の物語として有名ですが、その成立は平安時代前期の貞観年間から延喜年間、特に八九〇年代後半に書かれたとされます。

つまり、この『富士山記』が書かれてからまもなく、ということです。

そして『竹取物語』も、やはり「神仙思想」に色濃く彩られているのです。

かぐや姫は、〝天界〟で罪を犯し、刑罰として地上界へ落とされたと『竹取物語』は記しています。

すなわち「地に落ちた天女」ですね。

そして〝刑期〟が満了となって、月へ帰還することになります。

ということは、この地上世界＝中つ国（地上界）は流刑地であり、月世界＝天つ国（天界）は神の国ということになります。

「えっ？　地上世界が流刑地？」

と、皆さん驚かれることでしょう。

しかし『竹取物語』では、そのようにはっきりと書いてあるのです。

この論理に従えば、地上の王は「流刑地の統治者」ということになります。

これに対して、富士には「天女の故郷」があって、「仙人の統治する天界」があるということになります。

また、かぐや姫は地上を去るにあたって、養父母に「月世界の土産」をプレゼントします。

それは、「不老不死の妙薬」です。

結果的にその「妙薬」は富士山山頂で焼却されることになりますが、重要なのはその背後にある〝設定〟です。

かぐや姫の故国である月世界では、不老不死はいわば当然のことで、地上世界と完全に〝差別〟しています。

「死なない」ということは、日本の思想ではそれは「神」であり、そこは「神の国」であることになります。

しかしそこに「不老不死の妙薬」が介在すると、「神仙」いわゆる「仙人」ということになります。

絹本著色富士曼荼羅図

『竹取物語』は比喩のお話ですから、社会批判がその比喩に込められています。

作者は、当時の（平安時代前期の）体制に不満を持つ人物だったと考えられます。

朝廷の統治について、これほどの批判非難は他に例がありません。

が、このように読み取ると当時としてはたいへん危険な書物であったということがわかります。

かぐや姫のファンタジーに目を奪われて、本質を見落としてはいけません。

日本人の富士山への姿勢は、二つあります。

眺める人と、登る人です。

この両者は、まったく異質の世界を見ることになります。

遠望がかくも美しい富士山は、山頂目指して登ってみれば草木のほとんどない岩とガレキの素顔です。

この落差——さしずめ遠望は「神の山」、入山すると「死の山」を思わせます。

さあそれでは次章で、富士山の山中深く入りましょう。

⼟の章 常世の国へ

聖徳太子の富士登山

富士登山第一号は、聖徳太子であった、という伝説があります。

しかも、愛馬・驪駒《くろこま》に騎乗して。

その姿は、『聖徳太子絵伝《えでん》』として数多く描かれました。

「絵伝」では、いずれも太子が雲に乗り空を飛んで富士山頂に達する様子が描かれています。その様子は、かぐや姫が月に帰る様を思い起こさせます。

『聖徳太子絵伝』とは、

「太子信仰に基づき聖徳太子一代の伝記を描いた絵巻。太子の伝説絵は、法隆寺絵殿の障子絵など壁画の形式をとるものの他に絵巻形式、掛幅形式のものなどがあり、相互に関連しあってバラエティに富んだ各種の作品が生み出された。なかでも鎌倉時代には、新旧の両仏教諸宗派による太子信仰の高まりの中で、数多くの太子絵伝の成立をみた。(以下略)」(『世界大百科事典』)

というもので、現存が確認されているものだけでも二十八点あります。様式も、障子絵伝、絵巻絵伝、竪幅絵伝の三種に分けられます。叡福寺の「絵伝」や談山神社の「聖徳太子絵図」など、美術史的にも評価の高いものが少なくありません。東京国立博物館の法隆寺宝物館所蔵のものは国宝に指定されています。いずれも太子の生涯を絵解きで追ったものですが、主要な逸話を多いものでは数十の場面に描いています。

その目的は「太子信仰」を伝道するためのもので、多くの宗教教祖伝がそうであるように、「奇跡」などの描写に主眼が置かれています。

なかでもよく知られているのは「富士登山」の場面でしょう。「登山」といっても、ご覧のように雲に乗って空を飛んで山頂に至るものです。従者を伴っているものもあります。

富士山はいずれも切り立つ峰、〝鋭角〟で、飛行でもしなければ到底登れそうもないように描かれています。

前章で紹介しましたが、都良香の『富士山記』で富士山の上の世界は仙人や天女の住む「神仙界」とされていました。

つまり、「神々の世界」ですから、「そこに行ける」ということは、聖徳太子も「神」であるという意味になります。

また、「神は馬に乗る」という観念が日本には古くからありますので、愛馬・驪駒に乗って空を飛ぶ太子は、まさに「神」であるということなのでしょう。

江戸時代に盛んになった富士山信仰を「富士講」といいますが（詳しくは後ほど）、それぞれの富士講では「太子像」を作り、厨子に納めて、先導が背負って登ったと伝えられています。

近年、それを甦らせた記事が『毎日新聞』に出ていますので紹介しておきます。

◉名峰世界へ：「聖徳太子像富士登山」8月3日、富士吉田・如来寺から8合目の山小屋「太子館」まで／山梨『毎日新聞』２０１３年６月25日　地方版

◇信仰の山、原点へ

神馬「黒駒」に乗って富士山を越えたとされる聖徳太子の伝説にちなんだ「聖徳太子像富士登山」が8月3日、行われる。聖徳太子騎馬像が安置されている如来寺（富士吉田市新倉）から、江戸時代に太子堂があったとされる8合目の山小屋「太子館」まで登る。２００９年に始まり、今年で4回目。

同寺には聖徳太子が馬を止めて富士山を遥拝したとの言い伝えが残る。騎馬像（銅製）は黒駒に乗る聖徳太子と馬を引く従者の調子麿をかたどり、江戸時代の富士講「江戸大久保十三夜講」が奉納したと伝わる。

静岡県御殿場市の檀家が持つ１７９３（寛政５）年の古文書には5月28日〜7月28日の間、

騎馬像が8合目に置かれていたとある。2009年8月3日に江戸時代以来の像の登山が檀家の手で復活。(以下、略)

それにしても、なぜ、富士山に聖徳太子なのでしょう?

むろんフィクションですが、当時多くの人たちはこれを信じました。

登山自体が〝奇跡〟として描かれていますが、そもそも聖徳太子の事績のクライマックスに富士山が出てくるのはいかにも唐突です。

このことは「絵伝」によって広まったものですが、もとは『聖徳太子伝暦《でんりやく》』に記されている「伝説」です。

それをもとに各地の寺院や神社が布教目的で製作したものです。

富士山にかかわるくだりを抜き出して紹介しましょう。

太子伝説の本当の意味

太子は二十七歳の夏四月、左右の者に命じて良馬を求めさせました。

諸国からは数百頭もの馬が献上されてきましたが、そのうち甲斐の国からは四本の足の部分だけが白い驪駒《くろこま》(黒毛の馬)が献上されました。

この馬を見た太子は、

「これは神馬である」

と言って、他の馬はすべてもとの国へ返し、

「驪駒を飼育せよ」

と舎人の調子麿《ちょうしまろ》に命じてあずけました。

秋九月になり、太子が試しに驪駒に騎乗してみたところ、驪駒は浮き雲のように空に駆け上がり、東方へ走り出します。

侍従が仰ぎ見ると、馬の右側に付き従って雲の中に入って行く調子麿だけが見えました。

人々はその様子を見て驚嘆しました。

三日後、太子が驪駒とともに東宮へもどってきました。

そして、こう語りました。

「この馬に乗って雲を踏み、霧をしのいで、真っ直ぐ**富士山の頂上**へ飛んで行った。それから**信濃**まで飛んだ。飛び駆ける様は、まるで雷電のようだった。**越前・越中・越後**の三越《さんえつ》をまわって、いま帰ってきた」（現代語訳は『厩戸皇子読本』参照）

太子の言葉に「富士山」のあと、「信濃」から「三越」をまわった、とあるのはたいへん象徴的な意味が込められていると私は考えています。

神奈備《かんなび》信仰（山岳信仰）は日本古来の代表的な信仰形態ですが、中でも「三山《みつのやま》巡り」は日本三霊山としてとくに信仰を集めてきたことで知られています。

三霊山とは、富士山・立山《たてやま》・白山《はくさん》です。

そして立山は越中国《えっちゅうのくに》、白山は越前国《えちぜんのくに》（当時）に主峰が所在します。

越後は、やはり古くからの山岳信仰で知られる弥彦山《やひこやま》であろうと思われます。

また、信濃《しなの》は守屋山《もりやさん》であろうと思われます。

これらは「神奈備（山岳信仰）――一宮（古社）」という古代のキーワードで連なるものでもあります。

▼**富士山**――富士山本宮浅間大社――駿河国一宮
▼**守屋山**――諏訪《すわ》大社本宮《ほんみや》――信濃国一宮
▼**立山**――雄山《おやま》神社本宮《ほんぐう》――越中国一宮
▼**白山**――白山比咩《しらやまひめ》神社奥宮――加賀国一宮（旧・越前）
▼**弥彦山**――弥彦《いやひこ》神社――越後国一宮

それぞれの神社は、これらの山を御神体あるいは信仰の本体（奥宮）としています。

この事実をご覧になって、いかがですか？　ぴったり符合しているでしょう？

太子信仰は「仏教」であり、「伝暦」は仏教を広めるために書かれたとされていますが、その本質はまったく別の意味があったのだとわかります。

ここには「仏教」はまったく出てきません。

もともと仏教が日本に持ち込まれたのは公式には五五二年（『日本書紀』記載）ですから、太

『聖徳太子絵伝』（奈良国立博物館編）より「太子富士登山図」各種
右上から下へ順に四天王寺、堂本家、鶴林寺、叡福寺、上宮寺（茨城県）、東京国立博物館献納宝物、橘寺、頂法寺。

子の生まれた五七四年のほんの少し前のことです。

つまりその時代には仏教の〝霊山〟や〝霊地〟はまだほとんど存在していないのです！

だから、飛んで行きたくても、行く場所がないのです。

行くならば、わが国で古来信仰されている霊山に行くしかないし、その代表がこれらの場所になるのです。

これは「聖地巡礼」です。

太子信仰は、神道の古い聖地によって担保されるものだったのです。

（ちなみに、富士——諏訪——越をつなぐ列島横断ラインは、先に述べたフォッサマグナでもあります。）


『聖徳太子伝暦《でんりやく》』とは、藤原兼輔《ふじわらのかねすけ》が、九一七（延喜十七）年に著したとされる太子の伝記です。

兼輔は、藤原北家、右中将・藤原利基の六男で、「堤中納言」ともよばれた著名な歌人です（三十六歌仙の一人）。家祖・不比等から数えて六代目の子孫になります。

「伝暦」は、「聖徳太子の事績を編年体に記した伝記」ということになっていますが、その内容は「神秘的な説話」が主体で、〝奇跡〟や〝超能力〟〝聖性〟に満ちたもので、いわゆる太子信仰はほぼすべてこれが元となっています。

それはさながら『新約聖書』の位置付けと同様で、内容は「イエスの伝記」を彷彿《ほうふつ》させるものです（イエスも太子も馬小屋で生まれています！）。

『新約聖書』を読むとすぐに気付くことですが、イエス・キリストはよく山に登ります。それは「神に祈る」ためです。

「旧約」では、神がモーセに十戒を与えたのはシナイ山でした。

「山に登る」という行為は、「天に坐します神」に近づくためのシンボリックな行為なのです。

日本では、天に最も近い山は、言うまでもなく富士山ですね。

だからもし、イエスやモーセが日本に生まれていたら、きっと富士山に登ったことでしょう！

『聖徳太子伝暦』とは、〝神話〟であり〝聖書《バイブル》〟なのです。


さてそれでは、太子の〝実像〟はどのようなものであったのか、気になるところです。

本当に富士登山をおこなったのかどうか、気になるところですね？


五九三年（推古天皇元年）夏四月、天皇は厩戸皇子を皇太子《ひつぎのみこ》とし、摂政に任じました。

この際、『日本書紀』は、皇子が特別な人物であるといきなり紹介しています（書紀の編纂責任者は藤原不比等です！）。

母である皇后は、出産予定日に厩の前で産んだこと、生まれて間もなく言葉を話したこと、生まれながらに聖人のような知恵が備わっていたことなどを明記しています。

さらに成人してからは、一度に十人の訴えを聞いても誤りなく、将来を予見する能力もあったと記されています。いわゆる「太子伝説」は『書紀』にすでに記されていたのです。「伝暦」は、これを増幅したものなのです。

この「紹介文」が、後々人々の想像力を掻き立てることになるのは、『書紀』編纂者の思う壺というものでしょう。

厩のエピソードはイエス・キリスト、誕生直後の発言は仏陀、生まれながらの知恵は老子、十人同時聞き取りは孔子、予知能力は多くの聖人教祖に共通するもので、その集大成という位置付けではないかと私はとらえています。

しかしいかにも作為的な組立てで、やり過ぎが徒《あだ》になっているように思われます。

これに対して、その死についての『書紀』の記録は驚くほど簡単です。

「夜中に亡くなった」と記されるのみで、他の資料では「病」の記述もあるのですが『日本書紀』においては死の経緯に関して一切の描写も但し書きもないのです。

しかもこれの前の行は、蘇我馬子とともに『天皇記』『国記』『国造本記』を完成させたというものです。目的を達成しての大往生とも読み取れますが、かなり恣意的な組み立てに見えます。

そしてこのくだりには「太子美化」の補足が付いています。

本文は続けて高麗の高僧・慧慈《えじ》が上宮太子（厩戸皇子）を絶賛し、あたかも殉死したかのような逸話を掲載しています。

死こそは教祖化のとどめですから、そのために「異国（高麗）の僧（宗教者）の死をも利用した」と考えられます。

以下に厩戸皇子の「実像」にアプローチしてみましょう。

真実の姿は、これまでに通説として流布しているものとはだいぶ異なります。

日出ずる処の天子

厩戸皇子を一躍ヒーローにしたのは、隋の煬帝へ送った国書の文面です。

山岸凉子氏の長編漫画『日出処の天子』をはじめ、映画や小説など多くの創作作品が生まれるきっかけになった一文です。

「日出ずる處の天子、書を日没する處の天子に致す。恙《つつが》なきや」

ここには、大国・隋に対して卑屈になることなく、むしろ堂々とした姿勢が顕れているということで、日本人の多くが胸のすく思いをしているようです。

ところが実は、この一文はわが国の正史である『日本書紀』には一言も収載されていません。原文は『隋書・俀国伝』にのみ収載されています（「俀」の字は原文のまま）。日本からの「国書」であるのに、です。

それればかりか、これに対する返信である隋の国書も「帰途、百済で盗まれてしまった」ということで一言も記録されていないのです。

なんか変ですよね！

煬帝の家臣・裴世清《はいせいせい》が持参して奏上した「挨拶」のみが収載されています。

この時期の推古天皇は、蘇我馬子と厩戸皇子の傀儡にすぎないとは定説となっていますが、そのゆえに、この時に隋が「倭皇（日本国王）」として認識していたのは摂政・厩戸皇子のことでしょう。

臣下が皇族の名を呼ぶことはないので、摂政であり皇太子である厩戸皇子は多くは「皇太子《ひつぎのみこ》」と呼ばれており、隋は書面で「皇太子」という字面を見て倭国の「皇《おう》」の「太子」という名であると理解したのではないか、というのが私の推理です。

また、「男王」であることを意味する「比古《ひこ》」も伝えられたでしょう。『隋書・俀国伝』に「其の王」の名前のように記されている「多利思比孤」とは「たいし・ひこ」のことではないかと、私は考えています。発音を聞いて、漢字に置き換えたにすぎないもので、すなわち「たいし」という名の「男王」という意味です。

斑鳩宮《いかるがのみや》への移住

ところで太子が斑鳩に宮の造営を始めたのは六〇一年、完成してこちらへ移住したのは六〇五（推古十三）年冬十月です。

厩戸皇子は三十一歳、上宮一家全員とともに斑鳩宮へ移りました。

厩戸皇子の執政は、事実上はここまでであったと私は考えています。三十一歳で事実上の引退です。

斑鳩宮は、推古天皇の皇居である豊浦宮《とゆらのみや》と小墾田宮《おはりだのみや》のある明日香《あすか》から直線距離でもおおよそ十五キロメートル離れています。道のりにすれば二十キロメートルほどになるでしょう。当時の交通事情や服装を考えれば「通勤」するのはまず無理でしょう。

仮に徒歩で通うとすれば、時速五キロメートルとして片道四時間です！　往復八時間！　これで通勤するのはまったく現実的ではありませんね。

皇子のみが馬に騎乗して早駆けであれば、片道一時間ほどで往来するのは不可能ではありません。

さあそこで、ここに太子の愛馬「甲斐の驪駒《くろこま》」が登場します。例の「富士登山」した馬です。「伝暦」では、あたかも〝空も飛べる〟能力があるようです！

『聖徳太子伝暦』には、驪駒《くろこま》であったと記されています。そういうことにしなければ成り立たないのだということを、伝暦の著者もわかっていたのでしょう。

乗馬の駈歩《かけあし》であったとすれば時速二十キロメートル、これで走り続けて片道約一時間。整備された馬場での事例ですが、一四〇〇年前の斑鳩・小墾田間の道は、毎日馬で走り抜けることができるように整地整備されていたのかどうか。

また、その場合は、皇子の郎党は毎朝夕、ハーフ・マラソンをおこなったことになりますが、まさかこの説を信じる人はいないでしょう。伝暦がこの説を採ったのは、他に説明のしようがないからだと思います。

一四〇〇年前の奈良の道は、ほんの一部の石畳を除けば、ほとんどが剝き出しの土の地面であったでしょうし、雨が降ればぬかるみ、馬が頻繁に往来すれば荒れ果てます。

すなわち、厩戸皇子は転居以来、ほとんど出仕していないのではないかと考えるのが現実的です。

こういう物理的な理由から、斑鳩宮へ上宮一家ともども移り住んで以来、「摂政」という名目ではあるものの、実際には執務してはいないだろうと考えられるのです。


田村圓澄氏は、こう指摘しています。

「五七二年（敏達天皇一）に蘇我馬子が大臣となって以来、とくに画期的な政策を断行したことがなく、聖徳太子の在世中に内政・外交の新政策が集中している事実から考えれば、推古朝の政治は太子によって指導されたとみるべきである」（『日本大百科全書』）

これが一般的な見方でしょう。

しかし、太子はほとんど出仕していないのです（できないのです！）。

厩戸皇子を皇太子・摂政として立てたのは、推古天皇と蘇我馬子です。蘇我政権の緩衝材として「宗教者」厩戸皇子は格好の存在であったのだろうと思われます。

馬子は大臣でしたが、拮抗する豪族は少なくないため、自身の名で新たな政策を発すれば抵抗に遭うと見極めていました。

しかし甥の厩戸皇子が皇太子になったことにより、皇太子・摂政の名で新政策を実施することができると考えたのでしょう。

とくに「冠位十二階」はそれを象徴する政策で、これまで氏姓制度によって守られてきた氏族の既得権を剝奪しようというものです。

したがって、蘇我馬子がいかに政権のトップにあろうとも、同じ「豪族」という立場ではこの政策は実行が難しい。無理を通せば総反発を被ります。

しかし皇太子の名であれば、表立って反発はできません。それが馬子の狙いです。

太子転居の真相

それでは斑鳩転居は、なんのためにおこなわれたのでしょうか。

厩戸皇子は斑鳩で何をしようとしていたのでしょうか。

宮居は広大で、単なる住居・邸宅地ではあり得ない規模のものです。

斑鳩宮は四年以上もかけた大がかりな建設で、国家事業に匹敵する規模です。

私は、斑鳩は、出家遁世の地であったのではないかと考えています。

ただそれを厩戸皇子は公言することができない。馬子の〝名目人〟を辞めることはできないからです。

その後も宗教政策は厩戸皇子の意向が反映されましたが、それはいわば〝ご褒美〟でしょう。

政治政策の多くが馬子の意向によるもので、それを摂政・皇太子の名目で発布・施行する。蘇我の名では従わせることが難しい豪族たちも、厩戸皇子の名目であれば従わざるを得ないのです。

とくに「冠位十二階」という新政策はその方策が不可欠でした。

豪族たちは「氏姓制度」によって保証されていた既得権を剝奪されて、「能力制・実力制」になるからです。

「冠位十二階」は厩戸皇子ではなく馬子の発案であったと私は推測しています。

そこで厩戸皇子は、通勤することが不可能ではないが現実的ではない斑鳩に転居することによって、「象徴的存在」になろうとしたのではないでしょうか。

つまり、厩戸皇子は「出家」したのです。厩戸皇子は、政治家であるよりも、宗教者であったのでしょう。今に伝えられている政治的な側面は、そのほとんどが蘇我馬子のものであったのではないかとは、私の結論です。

宗教者には、様々な伝説や神話がつきものですが、それが事実であるかどうかなど実はどうでもいいのであって、信者はそれを問いません。

信仰とはそれさえも信じることだからです。

たとえばキリスト教徒が、聖書に書かれている奇跡の数々を信じているのは、現代の常識からすれば不可解かもしれませんが、実際のところ私たちと特に変わるところはないでしょう。

信仰というものは、時として人間を呆れるほど愚かにするというだけのことです（もっとも時には驚くほど高貴にすることもあります）。

厩戸皇子を、死後「聖徳太子」とするための集大成が『聖徳太子伝暦《でんりやく》』です。

ここに記される聖徳太子はまさに「超人」であって、『書紀』が寄せ集めて創り上げた虚像をもとに、さらに空想・創作による厚化粧が施されて、ついに私たちの知るところの〝スーパーマン〟が造形されたのです。

そこには、日本仏教の教祖としてのプロフィールをより完璧に造り上げるために、世界中の名だたる教祖のエピソードをも取り込んだのです。

そして、日本の古き神々の保証を取ったのです。

厩戸皇子の政治的業績の数々は、ほぼすべて蘇我馬子が達成したものであって、これを消し去るために『書紀』の最終編纂者である藤原不比等が置き換えをおこなったものだと私は考えています。

置き換えであるならば、歴史的事実はそのまま記して、ただそれを誰がおこなったかを変えるだけでよいのですから、最も簡単な改竄《かいざん》です。しかも世間はすでに厩戸皇子がおこなった政策であると誤解しているのですから話は早い！

聖徳太子に富士登山させたのは誰か

「世間《せけん》虚仮《こけ》　唯仏是真《ゆいぶつぜしん》」

——この有名な言葉は、実は厩戸皇子の遺言です。

「世間は虚仮にして、ただ仏のみこれ真なり」

死の間際に、妃の橘大郎女《たちばなのおおいらつめ》に言い残したとされるものです。

橘大郎女は、厩戸皇子を追悼するために天寿国繡帳《てんじゆこくしゅうちょう》を織らせ、その図柄（亀の背中）に文字としてこの言葉を織り込ませました。

残念ながら現物は一部しか残っていませんが、文字部分についてはその全文が『上宮聖徳法《じょうぐうしょうとくほう》王帝説《おうていせつ》』に記録されています。

それにしても生涯最後の言葉がこの一句であるのは、なんと象徴的なことでしょう。

「世間は虚仮にして、ただ仏のみこれ真なり」とは、厩戸皇子の根元の思想でしょう。

すなわち「世間は虚仮」なのです。

虚仮とは読んで字のごとく「空虚で仮のもの」、それが「世間」であると断じています。

しかもこれに続けて、「仏教のみが真実である」と言い切っているのですから、まさに「宗教者」「教祖」として躍如たるものがあります。

この遺言をもって、厩戸皇子は死の間際についに悟性の境地に到達したのだと解釈するのが一般的ですが、はたしてそうでしょうか。

厩戸皇子にとっては、当初から「世間は虚仮」でしかなかったのかもしれません。

それこそは仏教に帰依する者の出発点ですし、厩戸皇子は十三歳にして紛れもなく帰依していたのでしょう。

厩戸皇子の遺言は、「政治は虚仮であり、ただ信仰のみが真である」と私たちに示唆しています。

さらにこう言い換えることもできるのではないでしょうか。

「馬子は虚仮であり、厩戸のみが真である」と。

そして、「冠位十二階は虚仮であり、仏法のみが真である」と。

その求道が形となって結実したのが斑鳩寺（若草伽藍＝再建前のオリジナルの法隆寺）なのです。

ここまで見て明らかなことは、「太子信仰」は当人の意志とは無関係につくられたものであるということでしょう。

なぜ太子を「神（教祖）」に仕立て上げたのか、またなぜそうする必要があったのか。

つくったのは『日本書紀』であり、その中で示された「十七条憲法」です。

これによって厩戸皇子は、日本史上最高の偉人・聖人となったのです。

その『書紀』の編纂責任者が藤原不比等であることはすでに述べました。

不比等は藤原氏の家祖です。

藤原姓は不比等の父・中臣鎌足が天智天皇より賜ったものですが、不比等の子孫のみが藤原姓を名乗ることとし、以後この家系は比べるもののないほどの栄華を極めます。

現在に残る法隆寺は再建されたものですが（オリジナルは蘇我氏の襲撃により焼失）、その再建事業は、そのような藤原氏の総力を挙げておこなわれたものです。

また、太子信仰の〝聖書〟となっている『聖徳太子伝暦』は、先述したように不比等の子孫・藤原兼輔が創作したものです。

つまり、「太子信仰」あるいは「太子教」は、藤原不比等が藤原氏のためにつくったものであり、太子を「神（教祖）」に仕立て上げたのは不比等を始めとする藤原氏であるということです。

何のために藤原氏がそこまでおこなうのかと言えば、それは藤原氏一族のために必要だからということ以外にないでしょう。

厩戸皇子を聖徳太子という「神（教祖）」に仕立て上げ、それを人々は信仰する。

不比等がここまで肩入れして仕立て上げられた聖徳太子という「神」は、藤原氏の強力な〝守護神〟となります。

現存する法隆寺は再建されたものですが、この再建は藤原氏が総力を挙げて実現したものです。当時としては第一級の伽藍であって、人々はこの事業を讃仰しました。国家の守護と繁栄は、法隆寺建設によって実現するとされたのです。

そして、聖徳太子という神を戴いているのは藤原氏であり、崇敬する聖徳太子の背後に藤原氏を人々はオーバーラップさせることとなります。

こうして藤原氏は、何ものにも代え難い強力な「神」を手に入れたのです。

禁忌の解除

不比等は富士山についてはあくまでも禁忌《タブー》としていました。

「記・紀」に富士山が一切登場しないのは、不比等の強い意向があったからです。

富士山には、藤原不比等が隠したいことがあったからです。

後に禁忌《タブー》が払拭されて（失われて？）、富士山について誰もが触れられる時代になりますが、オープンになった富士山を、今度は〝聖地化〟することを藤原氏は企みます。

隠し続けてきたものの、それはもはや隠しきれない時代・状況になります。

「禁忌《タブー》であった富士山」と、本書のまえがきでもこう指摘しました。

「公式の史書に初めて「富士山」が登場するのは『続日本紀』（七九七年成立）の天応元年（七八一）の条です。

『日本書紀』成立（七二〇年）から七十七年経っています。

つまり、この間に「富士山の禁忌」が解消されたということになります。

この間に何があったのか、真相を知るには、それも大きな手掛かりです」


さて、それでは、その答えをここに明らかにいたしましょう。

『日本書紀』は、時の最高権力者であった藤原不比等の管轄下にありました。すでに完成していた『古事記』は、なぜか宮中に秘匿されていて公表されなかったので、これも不比等の権限によっていかようにでも〝管理〟できます。

皇位に就く皇族を誰にするかさえをも決める権限を有していたくらいですから、「文書」の内容を左右するのは容易いことです。

彼は皇位に限りなく近づき、その中に溶け込もうとしていたのです。

それには出自が問われます。

不比等の父・中臣鎌足が生まれた中臣氏は、鹿島の社家の出自と現在では判明していますが、不比等はそれを秘していました。

鹿島は海人《あま》族の神です。

海人族とは、支那（China）の江南地域を出自とする人々です。

すなわち富士山が禁忌《タブー》だったのは、聖徳太子を象徴化するために利用したにもかかわらず、それがかえって仇をなすことになるからです。人々は富士山から「聖徳太子を守護神とした中臣氏」を想起し、すなわち「鹿島」を想起させることとなります。そして実は「渡来人」であるという藤原（中臣）氏の正体が露見するからです。

公式には、渡来の血統であれば皇族につらなることはできません。これは当時の大原則です。実際には、血統を遡れば、皇族にも渡来の血脈は少なからず入っているのですが、ある時点で区切られています。

その後〝血統証明書〟として作成されるのが『新撰姓氏録』（八一五年編纂）です。

この時に氏族は「皇別《こうべつ》」「神別《しんべつ》」「諸蕃《しょばん》」の三つに公式に選別されたのですが、事実上はすでに奈良時代に定まっていました。「姓氏録」はすでに広く認知されていることを文書化したに過ぎません。

「皇別」とは、神武天皇以降に天皇家から分かれた氏族。

「神別」とは、神武天皇以前の神代に分かれ、または神武天皇以前に生まれた氏族。

「諸蕃」とは、渡来人系の氏族。

ちなみに「姓氏録」では藤原氏は「神別」の筆頭です。

渡来氏族である秦氏らはすべて「諸蕃」です。

諸蕃であれば、皇位皇室の事柄に関わることはできません。藤原氏の当主・不比等は、それを歴史の闇に消し去ろうとしていたのです。

さてそれでは、「富士山の禁忌」は、なぜ解除されたのか？

藤原不比等（六五九〜七二〇）には四人の息子がありました。彼らが、いわゆる「藤原四家」の祖となります。

不比等と、その息子である藤原四兄弟によって、藤原氏の繁栄の基礎が固められるとともに、蘇我氏の栄華に匹敵する第一期〝黄金時代〟が作り上げられたのです。

朝廷の要職は大半を一族で占有し、皇嗣（天皇の跡継ぎ）の決定さえ左右するほどの権力を持つようになります。

ところが、好事魔多し！　四兄弟の生没年を見てください。

藤原武智麻呂（六八〇〜七三七年）（藤原南家開祖）
藤原房前（六八一〜七三七年）（藤原北家開祖）
藤原宇合（六九四〜七三七年）（藤原式家開祖）
藤原麻呂（六九五〜七三七年）（藤原京家開祖）

なんと、四兄弟は七三七年に、天然痘の大流行により首を並べて病死してしまうのです。ここに突然、藤原四子政権は終わってしまいます。

当時のことですから、「蘇我氏の祟り」等とずいぶん騒がれたことでしょう。法隆寺の再建に藤原氏が熱心だったのも、氏祖・鎌足が滅ぼした蘇我氏の鎮魂という意味が当然ありました。四兄弟がそろって全員死ぬなどという大災難は、当時の考え方では〝怨霊の祟り〟と信じられたに違いないでしょう。

そしてこの瞬間、朝廷は「フジの呪縛」から解放されたのです。

四兄弟にはそれぞれ子どもがいましたが、後継者となるにはいかんせんまだ若すぎました。

そのため、政権は藤原氏とは距離のある橘諸兄（六八四～七五七年）が担うこととなります。

その後、孝謙朝に武智麻呂の子豊成（七〇四～七六六）が、次いで仲麻呂（七〇六～七六四）が台頭するまで、藤原氏の権力不在時代がしばらく続くことになるのです。

この不在時代に、富士山の禁忌《タブー》はほぼ完全に解除されます。

富士山について人々は語りもすれば書きもするし、畏れながらも登山する者も出てきたと思われます。

そしてそのことは〝藤原氏の秘密〟にも近づくこととなるのです。

しかし四兄弟の息子たちがそれなりの年齢に達した時、再び藤原氏は台頭します。

そして今度は、その子孫たちが「富士山の聖地化」を企みます。

禁忌で隠せなくなったのなら、聖地にして近寄りがたいものとすればよい！――さすが藤原氏、転んでもただでは起きません。

蘇我氏を滅亡させて、その立場に取って代わっただけのことはあります。

四家の当主が一斉に死んでしまったにもかかわらず、その支配構造はさほど大きく瓦解することはありませんでした。すでに他の氏族が弱体化しすぎていたのです。

四家の当主の病死によって一時的に権力中枢から離れましたが、再び復活し、その後も藤原氏は朝廷の要職を独占。藤原四家はそれぞれになお一層繁栄し、この国で最も強力な一族として現代にまで連綿と続くことになるのです。


「記・紀に登場しない富士山」と「聖徳太子登山によって聖地化される富士山」とは表裏一体のもので、いずれも藤原氏の都合によるものです。

藤原不比等は、富士山に関わるある事実を隠蔽したかった。

しかし、抑えられなくなってオープンになったため、子孫たちは富士山を最高度に聖地化しようとした。

すなわち、みずからの弱点《ハンディキャップ》を、逆に強みに転化させようとしたのです。

どうせオープンになってしまったのであれば、逆手に取るのが最良の方法です。

藤原氏の守護神となった聖徳太子——不比等の子孫は、「神」である太子に富士登山させることにしたのです。

それは教祖たるものが必ずおこなう「聖地巡礼」として、なのです。

人々は、富士山こそは最高度の聖地であると知らしめられることになります。

太子信仰が広まれば広まるほど富士山の評価も上がるという、いわば〝自動連動システム〟ですね！


さてそれでは、「富士山を聖地として認知させる」ことは、藤原氏にとってどんな意味があるのでしょう？


隠してきたことと裏腹ですが、そこに「富士山の秘密」があります。

なにゆえそこまでして富士山に肩入れするのか、その答えは次章で述べることにいたします。

とっても危険な書物『竹取物語』

ちなみに『竹取物語』は、〝アンチ藤原氏〟です。

『竹取物語』で、かぐや姫に求婚する五人の貴公子が登場しますが、その一人である「庫持皇子《くらもちのみこ》」は不比等がモデルとされています。

その上で「コケ」にされていることはご存じの通りです。作者はここまで述べてきた私の〝推理〟を知っていたかのようですね！

ところで富士山と関係が深いとされている『竹取物語』は、お伽噺の一つくらいに思われている人もいると思いますが、実はなかなか意味深なのです。

簡単に「あらすじ」を確認しておきましょう。

竹取の翁という者が、竹の中から小さな女の子を見つけます。

かぐや姫と名付けられた女の子は三月ほどで、輝くばかりの美女に成長します。

この子の力で、翁は黄金の入った竹を次々に見つけることができるようになります。

翁の家は大層豊かになります。

かぐや姫の美しさに惹かれて大勢の男たちが求婚しますが、とくにしつこい五人の貴公子がいます。

そこで姫は結婚の条件として、五人それぞれに指定して特別な贈り物を求めます。

そして五人は皆、入手できずに大恥を掻きます。

かぐや姫は、最終的に帝の求婚も受け入れることなく、ついに帰る時を迎えます。

十五夜の晩、帝の兵士たちの厳重な警備もむなしく、迎えにきた天人たちとともに、かぐや姫は月の世界へと帰って行きます。

かぐや姫は、育ててくれたお礼にと、竹取の翁夫婦に「不老不死の妙薬」を残します。月からの迎えの使者が持参したものです。

しかし翁も媼も悲しみのあまり、薬など呑む気にならず、それを献上された帝もさらに悲しみ呑むことをせず、結局はその薬を手つかずのまま、天に最も近い駿河の高山の頂に運ばせ、燃やすように命じました。

その結果、山頂からは煙が絶えることなく立ち昇り続けることになったということです。
それ以来、山は「不死山」と呼ばれるようになりました。

この物語が書かれたのは平安時代の九世紀後半頃とされます。都良香『富士山記』からまもなくです。

作者はわかっていませんが、藤原氏に批判的な立場の人物であることだけは明らかです。といっても藤原氏や公家社会に恨みや反感を持っている者は当時少なからずいたはずなので、それだけでは特定できません。

ただ、内容を見ても相当ハイレベルの知識教養を備えているところから、なんらかの形で歴史に名前が残っている人物であろうと思われます。なにしろ現在と違って、知識や教養はほんのわずかな人々の占有だったのですから。

この物語の中で五人の貴公子の執拗な求婚に対して、かぐや姫は難題を与えます。
それを持って帰れば妻になろうという約束ですが、むろん誰一人手に入れることはできません。もともと人間にはそれを手に入れることはできないものなのです。それを手に入れることができるのは〝神〟だけなのです。
つまり、かぐや姫は神なのだから、姫と結婚できるのも神だけなのだという暗喩《メタファー》なのでしょう。
その五つの難題と貴公子の登場人物名、実名を記します。

①御石《みいし》の鉢――石作皇子《いしづくりのみこ》＝丹比嶋真人《たじひのしまのまひと》
②蓬萊山《ほうらいさん》に生えている金銀製の枝木――庫持皇子《くらもちのみこ》＝藤原《ふじわらの》不比等《ふひと》
③火鼠の皮衣――石上麻呂足《いそのかみのまろたり》＝石上麻呂《いそのかみのまろ》
④龍の首にかかる五色の珠――阿部御主人《あべのみうし》＝安倍御主人《あべのみうし》
⑤燕の持つ子安貝――大伴御行《おおとものみゆき》（実名）

難題が、なぜこの五つなのかは諸説ありますが、蓬萊山、火鼠の皮、龍、五色、子安貝などは神仙思想・道教・陰陽道の用語・関連語です。

とりわけ、④の「龍の五色珠」が、安倍晴明の先祖に割り振られているのは興味深いですね。天武朝になって陰陽寮（陰陽道の専門機関）が宮廷内に初めて設置されることになるのですが、この段階から安倍氏は関与していたとも推測できます。

晴明の氏素性は、『尊卑分脈』に明記されていますが、父は安倍益材《ますき》で、右大臣・安倍御主人《みうし》から八代目となるものです。（余談ですが、①の丹比嶋真人《たじひのしまのまひと》は筆者の先祖にあたります。これも何かの縁かもしれません。）

なお、これら五人の求婚者は、五人ともに同時期に朝廷の要職を務めた人たちですが、実権は不比等にあったとされます。他の四人は、もっぱら不比等の意向に添って動いていたというものです。

そしてその五人全員誰一人課題をクリアできずに〝討ち死に〟です。

つまり、彼らは朝廷の要職にあるものの、特別な存在などではなく〝ただの人間〟だと言いたいのでしょう。

本書は、当時としてはかなり痛烈な藤原氏批判、公家批判になっています。『竹取物語』の作者名が秘されているのは、そういう理由もあるかもしれません。

なお「不死」を「富士」と書き替えるのは言霊《ことだま》思想によるものです。

悪しき言葉を良き言葉に変換することによって、言葉の呪力による影響を好転させようという思想です。

植物の葦《あし》は、「悪し」に通じるからということで「葭《よし》」と言い換えるのと同じ考え方です（＊「聖徳太子」について詳しくは拙著『怨霊の古代史』河出書房新社、「第三章・幻想の聖徳太子――藤原一族がスケープゴードにした上宮王家」をご覧ください）。

太子信仰から富士講へ　富士山の大衆化

聖徳太子を「神」と祀り上げて、その聖性を利用したのは藤原不比等を始めとする藤原氏であると述べてきましたが、その結果は思わぬ発展を遂げることになります。

「**富士山の大衆化**」です。

現代の〝俗化〟へと続く日本人の変貌についても、ここで紹介しておかなければなりません。

それがいわゆる「富士講」です。

写真は聖徳太子の木像が納められた厨子です。山梨県南都留郡富士河口湖町（旧・勝山村）の文化財に指定されています。

聖徳太子像及び厨子（江戸時代初期）

富士講の拠点の一つである富士河口湖町は、北面に河口湖を望み、南は富士山裾野の原野が広がっていますが、湖畔に富《ふ》士《じ》御《お》室《むろ》浅間《せんげん》神社の里宮があり、本宮がある富士山北口二合目は町の飛び地となっています。

▼富《ふ》士《じ》御《お》室《むろ》浅間《せんげん》神社

本宮　山梨県南都留郡富士河口湖町勝山（富士山二合目。飛び地）

里宮　山梨県南都留郡富士河口湖町勝山

【主祭神】木花咲耶姫命

この厨子は、富士講の登山において先導者が背負います。

つまり、富士講の人々にとっては聖徳太子こそは崇拝すべき「偶像《アイドル》」であって、いわばキリスト教徒にとってのイエスのような存在であったということになります。

それでは、その「富士講」とはどのようなものだったのでしょうか。

別名「浅間講《せんげんこう》」ともいうように、富士山（それを依り代とする神）を信仰する講社のことです。主に江戸を中心に関東で大流行しました。

戦国時代から富士山麓の〝人穴〟で修行した角行《かくぎょう》に始まるとされています。その後、弟子筋の身禄《みろく》などによってさらに発展したものです。

江戸時代後期には、「江戸八百八講、講中八万人」といわれ、講社の数は最大限に膨らみ、ほぼすべての町内に存在したともされています。

総数としてはたいへんな勢力となっていましたが、既成宗教とは一切関係がなく、純粋に民間信仰として発生し発展したものです。

地域社会の代参講という性格は、伊勢講や大山講と同類で、彼らに対応するために富士山の各登山口には御師《おし》の宿坊が設けられ、御師は各地に出て布教活動もおこなっていました。

ちなみに、富士吉田口では最盛期に御師の宿坊が一〇〇軒近くにも上りました。

しかし明治以降は急速に衰退し、一部が丸山教や扶桑教などの教派神道といわれる教団になって継続しますが、講社自体はわずかな数となり、御師の宿坊も数軒となっています。

なお、居住地での信仰拠点として、「富士塚」という富士山のミニチュアを溶岩などで築造しました。現在でも、都区内・都下合わせて一〇〇カ所以上がそのまま残っています。

またその中のいくつかは富士神社ともなって、現在も地域の信仰拠点となっています。

▼富士神社　〈通称〉駒込富士　東京都文京区本駒込
【祭神】木花咲耶姫命

富士神社・浅間神社はコノハナノサクヤヒメを祭神としています。

しかし、祭神とされたのは室町時代末期であろうとされます。それ以前からの神は、なぜか消されてしまいます。

さらにそこから、富士山（浅間明神）が女体山であるとの説や、富士神と三島神を父子とする伝説にもつながっていったとされます（井野辺茂雄『富士の歴史』より）。つまり、富士信仰は、変えられてしまったのです。

中世以降、いわゆる「本地物《ほんじもの》」の流布流行によって、富士信仰の仏教化（習合）が各種勝手におこなわれ、混乱の花盛りとなるのです。

この頃に盛んに描かれたのがいわゆる「富士浅間曼荼羅《まんだら》」です。本来の富士信仰とは異質なのですが、美術作品として名作が少なくないのはなんとも皮肉なことです。混沌の歴史の徒花《あだはな》というものでしょう。

富士講も、そんな徒花の一つです。思想的・哲学的には混乱の極みでありますが、庶民信仰というものは、いつの時代もそのようなことにはこだわりません。

江戸から遠望する富士山はあくまでも美しく、しかし突然噴火すれば何よりも恐ろしく、崇敬と畏怖とが一体となった信仰心はあくまでも感覚的なのです。

それでも富士講が関東地域に広まったのは、〝宿縁〟とも言うべき理由があります。

第一章で「江戸・東京」と富士山の特別な関係を紹介しましたが、それ以前にさらに深い関係があったのです。それについては次章以降で述べたいと思います。

富士山確認の古い証左

富士山は、言うまでもなく日本で一番有名な山で、古来日本人に最も親しまれた山でもあります。

万葉以来数多くの歌にも詠まれ、また多様な文学作品の素材ともなっています。

「富士講」と呼ばれる信仰形態の歴史はさほど古くありませんが、富士山そのものは数万年前から今と同じ姿で聳えており、その姿を望める地域には崇敬畏敬の念があったのは間違いないでしょう。

コノハナノサクヤヒメが祭神となった室町時代よりはるか昔から崇敬されているのです。

しかし、古い資料は思いのほか少ないのです。

駒込富士神社の富士山――当社の拝殿は富士山に見立てた富士塚の上に。
大流行した富士講のなかでも、ここは最も古いものの一つ。
町火消の信仰が篤く、町火消のシンボルマークを彫った石碑が数多く奉納されている。

『富士浅間曼荼羅』
静岡・富士山本宮浅間大社蔵

身禄行者の墓所／海蔵寺
（文京区向丘＝旧町名・蓬莱町）
――「身禄行者の骨が分骨埋葬されたといわれる墓の墓碑は、富士山をかたどった溶岩の山上に建てられている」（文京区の解説より）

「記・紀」にさえ記されていないと最初に述べましたが、それでも「記・紀」よりはるかに古くからある各地の神社・神域に「富士山の存在証明」がいくつもあります。


なんといってもその代表は「伊勢」です。

伊勢の内宮《ないくう》からは富士山が見えません。

もちろん特定の神社から富士が見えなくとも特に問題はないし、見えない神社は当然ながら全国にたくさんあります。

しかし伊勢の内宮（皇大神宮）の場合は特別です。

この地域にはかつて富士講があって、富士山が遠望できる地域なのです。

それなのに、内宮から富士山はまったく見えません。


そもそも内宮の神は、鎮座地を求めて長年月、各地を巡っています。

そのために「元伊勢」とされる場所が各地に散在します。

そして最終的に現在の鎮座地である五十鈴川の畔《ほとり》を選んだのです。

つまり、選びに選んでこの地に決定したのです。

ところが、内宮の真東には朝熊山《あさまやま》（朝熊ヶ岳《あさまがたけ》）が聳えていて、富士山を完全に隠しています。

しかし朝熊山山頂からは富士山がはっきり見えます。

ですから内宮を、朝熊山の西側ではなく東側に建立すれば、富士山が遠望できたのです。

にもかかわらず、わざわざ富士山が見えない西側に建立されています。

そして富士山を隠す山に「朝熊山」という名称を付けたのです。

「あさま山」ですよ！　なんと意味深なのでしょう。

内宮がこの地に鎮座した時代、伊勢から富士を望める場所はすでによく知られていました。

ビュー・ポイントは、誰もがご存じの観光景勝地・二見浦《ふたみがうら》です。

夏至の日には、夫婦岩の真ん中に見える富士山から太陽が昇ります。

現代では富士山頂に輝く姿を喩えて「ダイヤモンド富士」などと呼ばれているようです。

つまり伊勢は、全国に数ある富士山のビュー・ポイントの中でも、ひときわ人気の一つなのです。

内宮の創建に携わった倭姫命《やまとひめのみこと》は、夫婦岩の間に見える富士山の姿に感動して、二度ふりかえって見たと伝えられます。その由来によって二見浦という地名が付いたとされます。

伊勢から見える富士山は、それほどに美しいのです。


にもかかわらず、内宮（皇大神宮）は富士山が見えない位置に建設されました。

内宮の神は、富士山を見たくなかったのでしょう。

まさに、富士山は禁忌《タブー》、なのです！

内宮は、富士が望めないことによって逆に富士山の存在を証明していることになりますが、なぜそれほどまでに見たくないのでしょう？　あるいは見てはならないのでしょう？

時の政権が最も見たくないものは何か、と考えれば、おのずから答えが導き出されそうですね。

それは日本の歴史を見渡しても、また世界の歴史を見渡しても、実例には事欠きません。

身近なところで現代の東アジアを眺めてみましょう。

いわゆる中国（中華人民共和国）は台湾（中華民国）を認めていません。

その存在自体を認めないという強硬な主張をおこなっています。

中国は台湾が中華民国という〝国家〟であることを認めたくないのです。つまりそういう事実を見たくない、ということですね。

他にも二国間の領土問題が同様の状態になっています。日ロ、日中、日韓にそれぞれの領土問題があることは周知です。


さて、それでは伊勢に神宮が鎮座した時代に、時のヤマト朝廷が見たくなかったものとは「国」か「領土」か？

富士山を中心とする東国は、ヤマト王権の統治の及ばないエリアだったとはしばしば指摘されることです。

しかも、独立した国家の態を成していて、明確な統治者のもとに統治体制が確立していたと、私は推測しています。

それはいわば「富士王国」とでも呼ぶべきものかもしれません。

歴史界では「偽書」とされているいくつかの古史古伝には共通してそういう意味のことが書か

れています。本書ではそれらを個々に紹介・検証する紙幅はありませんが、それらとは一線を画しつつ、「富士王国」についての〝存在の証し〟を次章にて紹介しましょう。

㊎の章 東海の神山

山の神とは?

富士山の本来の神はコノハナノサクヤヒメではないと、すでに述べましたが、それでは本来の神である「アサマ大神」さらに古くは「フジ大神」と称された神は何者なのでしょう。

聖徳太子が、真っ先に参詣した「神」とは?

「アサマ大神」という神名も「フジ大神」という神名も、日本神話には見当たりません。そもそも「記・紀」に「富士山」のことがまったく記されていないのはきわめて不自然ですが、だからそれを依り代・神体とする神も登場しないのでしょうか?

しかし古来、神道は「森羅万象を神とする」思想で貫かれています。

「山」一般の神は、オオヤマツミ神(大山祇神・大山津見神)です。

立山は雄山《おやま》神、白山は白山比咩《しらやまひめ》神――富士山・立山・白山の三山を三霊山としてセットでとらえる信仰が古くからあります——、男体山《なんたいさん》（二荒山《ふたらさん》）は二荒神（ニコウ神）、比叡山・松尾山は大山咋神など、特定の山神も少なからず祀られています（＊「山神は女神である」というのは俗説です）。しかもこれらの神は、おそらく縄文時代から続く信仰で、たいへん古い由緒のあるものです。弥生時代に出現した新来の神ではありません。

ところが、「火山」を体現する「アサマ神」は、なぜか日本神話に登場しません。

火山国である日本にこれほど象徴的な神はないはずなのに、です。

この国で大自然の脅威というならば、「噴火」を措いて他にないでしょう。

地震も、噴火と直結していますが、目に見える脅威として「噴火」ほどダイナミックな自然現象は比べるものもないほどです。

大噴火すれば、その噴煙は天まで届くかのようで、真っ赤な溶岩流はあらゆるものを焼き尽くし、人間の非力さをいやというほど知らしめてくれます。

古代人は、これこそ「神の力」だと思ったことでしょう。

「記・紀」と同時代の貴重な古文献である『万葉集』（七五九年頃成立）は、**山部赤人**《やまべのあかひと》の「不盡《ふじ》山《さん》を望む歌」を録しています。

天地之分時従《あめつちのわかれしときゆ》　神左備手高貴寸《かむさびてたかくたふとき》　駿河有布士能高嶺乎《するがなるふじのたかねを》　天原振放見者《あまのはらふりさけみれば》　度日之《わたるひの》　陰毛隠比《かげもかくらひ》　照《てる》

月乃《つきの》　光毛不見《ひかりもみえず》　白雲母《しらくもも》　伊去波伐加利《いゆきはばかり》　時自久曾《ときじくぞ》　雪者落家留《ゆきはふりける》　語告《かたりつぎ》　言継将往《いひつぎゆかむ》　不盡能高《ふじのたか》
嶺者《ねは》

その意味は、
天地が分かれた時から、神々しく、高く貴い駿河の富士の高嶺を天空はるかに仰ぎ見ると、空を渡る太陽の光も隠れ、照り輝く月の光も見えず、白雲も進みかね、しきりに雪が降っている。これからも語り継ぎ、言い伝えていこう。この富士の高嶺を。

反歌
田兒之浦従《たごのうらゆ》　打出而見者《うちいでてみれば》　真白衣《ましろにぞ》　不盡能高嶺尓《ふじのたかねに》　雪波零家留《ゆきはふりける》

赤人は「布士《ふじ》」「不盡《ふじ》」という字を用いています。

これは万葉仮名《まんようがな》ですから、どちらも当て字です。「フジ」という音にこそ意味があります。

この歌は、山部赤人の没年が七三六（天平八）年とされているので、少なくともその数年前であろうと思われます。

現代であれば富士山の描写は「美しい」形容におおむね収斂されるでしょう。

しかしこの赤人の歌は、ご覧のようにそうではありません。

「太陽の光も隠れ、照り輝く月の光も見えず」

というのは、富士山の噴煙がそれほどにすさまじいという意味です。

そしてそれが「神々しく、高く貴い」と讃えています。

日本最大の活火山を「神の山」として描写しているのです。

さて、この「神」にふさわしいのは誰でしょう？

赤人が歌うように「天地が分かれた時から」つまり古来日本人は富士山を畏れ敬ってきたのは明らかです。藤原不比等がいくら記録から消し去ろうとしても、実在する富士山を消すことはできません。

と同時に、その「神」も消すことはできないはずです。

であるならば「アサマ神＝フジ神」は、しかるべき神名で日本神話に登場しているのではないでしょうか。

不比等によって、その神名と富士山との関係こそは消されていますが、存在としてふさわしい神がいるのではないでしょうか。

右に紹介しましたように、全国の霊山にはそれぞれ「しかるべき神」が依《よ》り坐《ま》しています。

にもかかわらず、最大の火山である富士山は——阿蘇山も——具体的な「神名」が見えません。

「アサマ神」という抽象名詞のみはかろうじて残っていますが、そこまでです。

しかし日本神話をよく見てみましょう。

日本神話には、最大の火山にふさわしい神が登場しています。

荒ぶる神、スサノヲです。

高天原を去ろうとする時に、アマテラスへ挨拶に訪れますが、その様は、「山も川もことごとく鳴動し、国土すべてが震動した」と『古事記』に記されています。

これは「大地震」の描写以外のなにものでもありません。

そして最大級の地震は巨大な火山の噴火にともなうものです。

つまり、〝原因〟はスサノヲという火山なのではないでしょうか。


スサノヲを祭神とする神社は、全国に約一万三〇〇〇社あります（境内社も一社に数えます／アマテラスを祭神とする神社とほぼ同数）。

そのなかでも「八坂神社」が一番多くて約二五〇〇社。祇園《ぎおん》祭りで知られる京都の八坂神社が総本社です。

祇園祭りは、正しくは祇園御霊会《ごりょうえ》といって、平安京の御霊信仰を象徴する催事です。

「御霊」とは「怨霊」のこと。

つまり「祟り神」の鎮魂ですね。

しかも最大級の祟り神なのです！

日本の宮都で、平安時代から最大規模の祭りがおこなわれてきたことには、それだけの〝意味〟があります。

創建についてはいくつもの伝承がありますが、六五六（斉明天皇二）年に高句麗から来日した調進副使・伊利之使主《いりしおみ》が、新羅の牛頭《ごず》山に祀られていたスサノヲを山城国愛宕《あたご》郡八坂郷に祀ったとの記録があります。

ただ、牛頭天王もスサノヲもともに祟り神・災厄をもたらす神とされていたことから、政治的な一体化が図られたもので、牛頭山に祀られていたのはその山名の通り牛頭天王であってスサノヲではありません。

このような誤伝が発生する源は、おそらくは『日本書紀』の記述にあるのでしょう。

高天原から追放されたスサノヲは、新羅の曾尸茂梨《そしもり》に降りましたが、

「この地に吾居ること欲さず（乃興言曰　此地吾不欲居）」

と言って、そのまま土船で東に向かい、出雲国斐伊川上の鳥上の峰へ到ります。

（「遂以埴土作舟　乘之東渡　到出雲國簸川上所在　鳥上之峯」）

そして八岐大蛇《やまたのおろち》を退治したという次第です。

降臨に同行していた息子の五十猛神《いそたけるのかみ》は、高天原から持ってきた木々の種を、韓《から》の地には植えず、大八洲《おおやしま》に植えたので大八洲は森林の地になったというものです。

曾尸茂梨が現在のどの地にあたるのか不明ですが、この経緯は日本が豊かな森林の国であることの由来をも示唆しています。

すでに七世紀においても、わが国に比べて朝鮮半島は森林が少なかったのだという事実がわか

ります。

神話伝承をそのまま受け取るのであれば、「居ること欲さず」なのですから、一時的に立ち寄ったということであって、これをもってスサノヲが韓系（朝鮮系）の神であるとするのはまったくの見当違いですね。

もしこの逸話を比喩として解釈したいのであれば、「日本列島・朝鮮半島以外」の出自である者が、何処かへ移動する途中に朝鮮半島に立ち寄ったが、ここにはとどまりたくないと思ったので、早々に立ち去って日本へ到達した、という意味になるでしょう。

古来、朝鮮半島という地域は「通り道」に過ぎないのです。

また、曾尸茂梨は新羅・牛頭山との説もありますが、どのみちスサノヲおよび八坂神社を朝鮮半島由来としたい者による作為ですから、究明してもあまり意味はありません。「朝鮮・韓国起源説」といわれるもののほとんどはこうしたこじつけです。

スサノヲを祭神とする神社の中で注目すべきは、二番目に多い「**須賀神社**」です。

全国に約五〇〇〇社余を数えます（なお三番目が**氷川神社**の約四〇〇〇社）。北は秋田・宮城県から南は宮崎県まで分布しています。県別では、兵庫が六十四社、福岡が一三〇社でとくに多いのが特徴です。

▼**須我神社**（別名・日本初之宮）　島根県雲南市大東町須賀

【祭神】須佐之男命　奇稲田姫命　清湯山主三名狭漏彦八嶋野神　（配祀）武御名方命

消された「建国神話」

その昔、出雲族の鎮魂のために『古事記』神話が作られて、「国譲り」という〝美化〟によって滅亡した出雲族を鎮魂しました。『古事記』そのものが「鎮魂の書」と言ってよいでしょう。

日本神話、とくに出雲神話においてクライマックスはなんといってもスサノヲによるヤマタノオロチ退治です。

ヤマタノオロチを退治して、その尾の中から草那藝之大刀《くさなぎのたち》（原文のまま）を発見した後、みずからの宮を建設する土地を探します。

『古事記』にはこうあります。

「――須佐之男命は、宮居を建設するための場所を出雲に探した。須賀という土地に来たところ、この地に来たら私の心はすがすがしく感ずる、と申された。そこで、この地に宮居を建設して住まわれた。そのゆえに、この地を須賀という」（訳文は筆者による）

『古事記』の神話を素直に読めば、この国に天降った天神はスサノヲが最初であり、宮を最初に建設した地は出雲の須賀であることがわかります。

須賀宮《すがのみや》こそは、天神の王宮第一号ということになるのです。

そしてこの地には、現在は**須我神社**が建っているのです。

この須我の地から、杵築《きづき》までは直線距離で約十五キロメートルです。

そしてそこに鎮座する出雲大社の祭神はスサノヲではありません。オオクニヌシです。

オオクニヌシは「国譲り」した神として日本神話に登場します。

みずから開拓し建国したこの国を、譲ってしまったのです！

あらためて考えると、これはたいへんなことですよね。さしずめ〝無血革命〟という感じでしょうか？

出雲大社は、国譲りの条件として建設されたということになっています。前王朝の王の鎮まる場所として、新王朝が総力を挙げて建設したということです。当時としてはこの国随一の大建築であったのは確かでしょうから、それだけ重要な〝意味〟が込められていたのだと思われます。

ちなみに、いわゆる「国譲り神話」は「記・紀」に記されているところから、日本人の誰もが知る代表的な神話ですが、実は『出雲国風土記』には国譲りについての記述はまったくありません。

つまり「国譲り」は、「記・紀」は認めていますが、『出雲風土記』は認めていない、ということです。

ヤマト朝廷は「国譲り」だと言っていますが、出雲の国造はそれについて沈黙している。少なくとも追認していないということでしょう。

出雲大社がオオクニヌシを鎮魂するため（退いた王を慰めるため？）に建てられたことは「記・紀」に明記されている通りです。

「国譲り」という美名によって糊塗されていますが、実態は「服属」です。

譲り渡した〝国〟が何処を指すのかはわかりませんが、その霊魂を祀ったのが現・出雲ということです（出雲地方は古代から現在に至るまで祭祀の地であって、経済的社会的に発展したことはありません）。

スサノヲの末裔たちを大社に祀り上げることによって（鎮魂）、ヤマト政権は成立したのです。

なお、出雲大社の主祭神は、オオクニヌシ（平安以前）→スサノヲ→オオクニヌシ（江戸時代寛文年間以降）と変化していますが、スサノヲの系統であることには変わりありません。

秦使《しんし》の渡海伝説

ところで、そのスサノヲ降臨神話に対応するかのような記録が古代中国にあります。

二二〇〇年前の歴史書『史記』の一節です。

秦の始皇帝の時代について司馬遷が公式に記録した記事の中に記されています。（＊文語の苦手なかたは訳文のみどうぞ）

◉書き下し文

「斉人徐市《じょふつ》ら上書して、
海中に三神山あり、
名は蓬萊《ほうらい》、方丈《ほうじょう》、瀛州《えいしゅう》と曰さく、
これに仙人の居む。
斎戒して、童男女とともに、これを求む、と言う。
是において徐市に童男女数千人を与えて、海に入り仙人を求む」
（秦始皇本紀二十八年　＊これが初出です）

◉訳文

「斉人の徐市《じょふつ》らが上書して、
『海中に三つの神山があり、
その名は蓬萊・方丈・瀛州と申して、
ここには仙人が住んでおります。
斎戒して童男童女を連れて、これを探したい』と言った。
そこで徐市に童男童女数千人を与えて海に入り仙人を求めさせた」
（＊書き下し文・訳文とも筆者による）

◉書き下し文

「(秦始皇帝)又、徐福《じょふく》をして海に入りて神異の物を求めしむ。

還りて偽辞を為して曰く、
臣、海中の大神を見る。

言いて曰く、汝は西皇の使いか、と。臣答えて曰く、然り、と。

汝、何をか求むる、と。曰く、願わくは延年益寿の薬を請わん、と。

神、曰く、汝が秦王の礼薄し。観るを得れども取るを得ず、と。

即ち臣を従えて、東南のかた蓬萊山に至り、芝成の宮闕を見る。

使者あり、銅色にして龍形、光上りて天を照らす。

是に於いて、臣、再拝して問いて曰く、よろしく何を資としてか以て献ずべき、と。

海神曰く、令名の男子および振女と、百工の事とを以てせば、即ちこれを得ん、と。

秦の皇帝大いに喜び、童男女三千人を遣わし、これに五穀の種と百工とを資して行かしむ。

徐福、平原広沢を得て止まり、王となりて来たらず」(淮南衡山《わいなんこうざん》列伝第五十八)

◉訳文

「(秦の始皇帝は)徐福《じょふく》を海に行かせて神秘のものを探させた。

徐福は帰還すると、こう虚言を述べた。

私は海中の大神に会いました。

神は、おまえは西の皇帝の使いか、と尋ねました。私は、そうですと答えました。

おまえは何を求めて来たのか、と尋ねました。私は、不老長寿の薬をいただきたいと答えました。

神は、おまえたちの秦王は貢ぎ物が少ない。だから、観るだけは許すが、持って行くことは許さない、と言われたのです。

そして私を連れて東南の方位にある蓬莱山に行き、霊芝で造られた宮殿を見せられました。

そこには、銅色の龍が使者として守り、その発する光は天を照らしておりました。

そこで私は再度礼拝して、何を献上すればよろしいのでしょうか、と尋ねました。

海神は、良家の男子と童女、およびあらゆる分野の職人とを献上すれば、得ることができるだろう、と答えました。

秦の始皇帝はこれを聞いて大変喜び、男女の童子三〇〇〇人と、これに五穀の種子、すべての分野の職人を、徐福に託して送り出した。

しかし徐福は、平坦な原野と広大な湿地を得て彼の地にとどまり、みずから王となって、戻らなかった」


（＊書き下し文・訳文とも筆者による）

徐福とは通称で、本名は徐市《じょふつ》です。

秦朝の方士（方術士・道士）で、実在した歴史上の人物です。

一般に通称の「徐福」で知られているため、本書でも主に通称を用いますが、本名は「徐市《じょふつ》」であると記憶しておいてください。〝秘密〟を解き明かすには、この本名がとても重要になってきますので。


さて、秦の始皇帝が徐福に命じたのは「不老不死の薬」を入手することでした。中国の歴史上、初めて全土を統一した始皇帝が最後に求めたのは、霊薬による「永遠の生命」であったのです。

古来、霊薬は伝説の神仙の国・蓬莱山《ほうらいさん》において入手できるといわれていました。

しかしそこは、東南海上にあるとされてはいるものの、方士でなければ近づくことさえできない場所とされています。

そこで、始皇帝は方士として名高い徐福に命ずることにしたのです。

始皇帝は、海神への献上として良家の若い男女三〇〇〇人と、あらゆる分野の技術者たちと「五穀の種子」とを徐福に預けて送り出しました。

『史記』の「列伝」では、徐福が虚言を弄して得たのだと記されています。

そして徐福は、ついに帰ることはありませんでした。彼の地で平野と湿地を得て、その王となったと伝えられます――。

これがいわゆる「徐福伝説」です。

何の先入観もなしに、この原文記録を読んでいただくのが一番との判断で、ここに紹介しています。

これを「伝説」としてしまったのは、後世の一部の学者たちです（とくに日本の歴史学者）。

しかし、同時に少なからぬ学者たちが「史実」としています。

問題の論点は、「不老不死の霊薬」と「神仙の国・蓬莱山」にあります。

そのようなものがあろうはずはなく、そのゆえに「伝説」「作り話」とされているのです。

しかし、それは始皇帝の援助を得るための方便であったとすれば、この記事で重要なのは、徐福が年若い一団を引き連れ、技術者や種子を携えて、紀元前二〇〇年頃、船出したということなのです。このことを否定する理由はありません。

また、歴史書『史記』のこの記事が書かれたのは、徐福が旅立って数十年後のことです。

それだけに人々の記憶もまだまだじゅうぶんに鮮やかなものであったはずで、司馬遷にとってもさながら「同時代史」を記録するような思いであったことでしょう。

さしずめ、いま私たちが昭和史を書くようなものでしょうか。

なにしろ、まだ生き証人がいたであろう程度の時間しか経過していないのです。

さてそれでは、船出が事実だとして、彼らはどこへ向かい、どこへ到達したのでしょう？

徐福一行の目的地である〝蓬萊山〟は、どこを基点にするかで多少変わりますが、方角的には日本の九州から沖縄、台湾などが該当します。

いずれにしても「三千人＋百工」が船旅をするとなれば、これは稀に見る大船団です。しかもすべての船に運航のための乗組員がいます。

となれば、総勢四〇〇〇人は下らないのではないでしょうか。

ちなみに、原文の「三千人」という数値については、いわゆる「白髪三千丈」の類のオーバーな表現であろうとしばしば問題にされます。

ただ、『史記』の司馬遷の記述は数値においても厳格正確で、ここだけ「白髪三千丈」にするとは考えられません。

したがって、この数値も、司馬遷は検証した上で録していると思われます。「秦始皇本紀」では「数千人」と記し、「列伝」では「三千人」と記しています。

総勢四〇〇〇人は、けっこうリアリティのある数値だと私は考えていますが、読者の皆さんはいかがでしょう？

長い船旅ですから、途中で何隻かは失われたかもしれません。ただ、それでも大半は生き残って目的地に到達したと思われます。

これが事実だとするならば、紀元前二〇〇年頃の日本の社会状況を考えると、来られたほうは国家体制をゆるがすほどの大人数でしょう。

ちなみに吉野ヶ里遺跡の居住人口が一〇〇〇人程度とされています。

女王ヒミコが死去したのが二四八年頃ですが、侍女一〇〇〇人が仕えており、その当時には邪馬台国の人口は七〇〇〇余戸であったと記録されています。つまり国家の総人口が数万人ということになります。

徐福一行が渡来したのはそれより五〇〇年ほど前のことです。

中国の歴史書

ところで、日本の古代史を検証するのに、もっぱら中国の文献資料に頼るのはどうしたことかと思っている読者も少なくないと思います。

かくいう私も、かつて歴史を学び始めた頃にそう思っていました。日本の歴史なのだから、まず第一に日本の資料を精査すべきではないか、と。

しかし残念ながら日本の文献資料（歴史書）には八世紀以前のものがないのです。

最古の文献が『古事記』で七一二年、『日本書紀』で七二〇年です。

残念なことにそれ以前のものはすべて失われてしまいました。

手掛かりになるものは、「考古学資料」しかないのです。

なお、隣国・朝鮮の文献はさらに頼りになりません。

『日本書紀』に参考文献として書名の挙がっている「百済《くだら》三書」（「百済記」「百済新撰」「百済本記」の総称）が失われたのは残念なことですが、それ以前には文献はなく、それ以後もありません。

現存する朝鮮最古の歴史書は『三国史記』で一一四五年成立ですから、古代史研究にはまったく参考にならない新しい資料です。韓国朝鮮は、むしろ日本の文献によって自分たちの古代事情を学んでいるありさまなのです。

ところが中国には、はるかに古い歴史書がいくつも存在します。

とはいっても一般読者には『三国志』くらいしか馴染みがないと思うので、ここで簡単に紹介しておきましょう。

『史記』に始まる歴代の歴史書を総称して「二十四史」と呼ぶのですが、日本の古代史に関わりが深い唐代以前の十五書を列挙しておきます。書名、編纂者名、成立年です。

『史記《しき》』　司馬遷《しばせん》　紀元前九一年
『漢書《かんしょ》』　班固《はんご》　八二年頃
『三国志《さんごくし》』　陳寿《ちんじゅ》　二九〇年
『後漢書《ごかんしょ》』　范曄《はんよう》　四三二年
『晋書《しんしょ》』　房玄齢・李延寿　六四八年
『宋書《そうしょ》』　沈約　四九〇年頃
『南斉書』　蕭子顕　五三七年
『梁書』　姚思廉　六二六年

『陳書』　姚思廉　　六三六年
『魏書』　魏収　　五五四年
『北斉書』　李百薬　　六三六年
『周書』　令狐徳棻《れいことくふん》　　六三六年
『隋書』　長孫無忌　　六五六年
『南史』　李延寿　　六五九年
『北史』　李延寿　　六五九年

すでに紀元前に『史記』が成立しているというのは驚くべきことで、『古事記』より八〇〇年以上も前です。

『漢書』でも八二年頃成立ですから、六五〇年近く以前になります。

しかも重要なことは、これらのほぼすべてに、日本と関わりのある記事が記されているということです。これらの資料なしには日本の古代史研究は成り立たないことがわかると思います。

ここに挙げたものは中国の正史、すなわち国家によって編纂された公的歴史書ですが、これ以外にも『論衡《ろんこう》』『山海経《せんがいきょう》』『翰苑《かんえん》』などがあります。それらもやはり「記・紀」より古く、そして日本（倭人・倭国）についての記述があります。

ちなみに『漢書』および『論衡』は、ともに一世紀に成立した文献ですが、すでにその時代に「倭人」「倭国」との認識が見えます。「邪馬台国・卑弥呼」より二〇〇年ほども前のことです。

「倭」という認識の始まりはいつ頃か判然しませんが、少なくともこの直前の時代、つまり周王朝（紀元前一〇四六年頃〜紀元前二五六年）の時には「倭」と呼ばれていた（あるいは名乗ってもいた）と確認できます。

ただし「ワ」という発音のみで、「倭」という漢字は勝手に充てられたものです。「倭」という文字は「小さく醜い」という意味の漢字で、いわゆる卑字です。中華思想による勝手な当て字ですね。

後年、その事実を知ったわが国が「倭」から「日本」へ呼称を変えるのは八世紀のことですから、おおよそ一〇〇〇年間は「倭」と呼ばれていたということが、中国の歴史書からわかります。

これらの歴史書に記述があることで、同時に当時から支那（China）の江南地方（呉越地方）とわが国は往来交流があり、長年にわたって特別な関わりがあったことをうかがわせます。

右に紹介した『史記』の徐福出帆記録は、『古事記』より八〇〇年以上前の紀元前のものですが、当時の秦国の人々はまぎれもなく「倭国」や「倭人」の存在を承知していたということです。

そこで、これらの記述・記録をもって「日本建国（倭国創始）」とする説もあります。神武天皇の即位年から数える「皇紀《こうき》」は今年が二六七四（平成二十六）年ですが、ちょうど符合することになりますね。

ちなみに、この中の以下の文献に徐福の記事が録されています。（＊『古事記』以前の文献に限定）

『史記』――「秦始皇本紀」「淮南衡山列伝《わいなんこうざん》」
『漢書』――「伍被伝」
『三国志』――「呉書・孫権伝」

徐福の一団がわが国へやって来るより以前に、すでに各地にそれぞれ小国があって割拠していましたが、統一国家はまだなかったということでしょう。

その頃の日本列島は、国とはいっても今でいう村落のようなものだったことでしょう。国家という概念がないのはもちろんですが、それぞれの地域にあったのは「部落意識」というレベルのものでしょう。

これに対して、高度な自治体観念がすでにあったと主張する人もいるのですが、文字言語が未発達のところに自治体観念は発生しないと考えられます。

さらに言えば、自治体観念が共有されない状態においては、文化的均質性、つまり一定レベルの文化に達することは困難です。国家という概念はそこで初めて発生することになるからです。

わが国がそのレベルに達するのは、まだもう少し後のことになります。

このような状態の中に渡来した徐福ら一行の存在は、ある意味「革命」をもたらしたに等しいものであったのではないでしょうか。

なにしろ彼らは、金属精錬や土木工学の技術者が揃い、木々や農産物、薬草の種子を保有し、陰陽五行説などの思想・哲学を知悉していたのです。

しかも船団の乗組員は、すなわち精鋭の〝軍人〟であったと思われます。

政治的にも宗教的にも軍事的にも圧倒的な大集団であって、紀元前三〜二世紀当時のわが国の人々が太刀打ちできようとは考えられません。

その圧倒的な〝文化〟の前に拝跪するばかりであったことでしょう。——それは、はるか後世の「黒船来航」とよく似た現象であったかもしれません。

琅琊台《ろうやだい》から済州島を経て出雲へ

繰り返しますが、徐福の記事は、最古の歴史書である『史記』に記されているものです。

それ以後の書にも何度も登場しますが、それらは『史記』の記事に基づいたものとされています。

つまり『史記』が初出ということであり、しかも記録上最も古いということでもあります。

秦始皇帝が実在の人物であるのと同様に、徐福も歴史上の実在の人物であることは確かです。

なお、徐福は「斉人」と書かれていますが、国の興亡は激しく、斉も紀元前二二一年に滅亡しています。

それゆえ、たまたまその時に斉に居を構えていたという程度のことだろうと私は解釈しています。

この当時の支那（China）の人々は、国で特定するよりも地域で特定されなければなりません。

さらにまた、彼の経歴や志向性からも考えなければならないのですが、おそらくは江南地方の出自であろうと思われます。

道教の方士は山岳志向と海浜志向とに大きく分かれるのですが、徐福が海浜志向であったことは始皇帝との件でじゅうぶんにうかがい知ることができます。

なお、江蘇省の徐阜村が徐福の出身地で、今もなお子孫が居住していると一部で報道されたこともありますが、根拠はありません。孔子村のような子孫同族が居住しているわけでもなく、書き継がれてきた文書もないので、近年の付会《ふかい》であろうと思われます。

徐福一行の出航地は、琅琊台《ろうやだい》が有力です。現在の青島《チンタオ》です。

青島の真東が鹿児島に当たりますが、大船団で直接海洋に乗り出すのは様々な意味で危険でもあるので、陸地沿いに北上したと考えられます。

そして朝鮮の済州島辺りを経由して、出雲地方へ到達したと思われます。

このルートは、海流を利用したものでもあります。

徐福一行の出帆は、**紀元前二一九年**のことであったと推定されています。

始皇帝はこの年、泰山に上って「**封禅**《ほうぜん》」の儀式をおこなっています。

そして東方の各郡県を巡回し、なかでも琅琊台をいたく気に入り、滞留三月に及び、三万戸を琅琊台の麓に移住させたと伝えられます。

琅琊台には現在、始皇帝の石像が立っています。

東の海に向かって両手を大きく広げて立つ姿は、さながら徐福の帰還を歓喜をもって出迎えているかのようです。もちろん徐福一行は、あれから二〇〇〇年以上経ついまもなお帰還していないのですが――。

一方、日本には古くから、ある人物が一党を引き連れて渡来したという伝承・伝説が、北は青森から南は鹿児島まで全国各地にあります。

青森県北津軽郡、秋田県男鹿市、山梨県富士吉田市、愛知県名古屋市、三重県熊野市、和歌山県新宮市、京都府伊根町、佐賀県佐賀市、宮崎県延岡市、鹿児島県坊津町など、その数は三十数カ所に上るものです。驚くべき数ですね。

これらはすべて徐福渡来の伝説と接続されており、もともとすべてが徐福であったのかどうかもわからなくなっています。

渡来の人物の屋敷跡や墓所と目される場所などには、それぞれに様々なモニュメントが建てられているのですが、肝心の〝証拠〟はほとんど見当たりません。

ただ、いずれも海岸沿いであるところから、それなりの根拠はあります。

徐福渡来以前から、江南地方の海人族《あまぞく》がしばしば行き来しておりますが、彼らは陸路は使わず、得意の航海技術を用いて、沿岸を巡っています。

その範囲は日本列島全域に及び、一部の人たちが定着したと考えられる土地も少なくありません。

海辺に大社（古い大きな神社）が鎮座しているところは、ほとんどがそういった場所で、その大社の宮司家は海人族の血統であり、なおかつその地の国造である例が少なくありません。

住吉大社の津守氏、熱田神宮の尾張氏、籠神社の海部氏など、いずれも祖先は江南出身の海人族であり（つまり渡来の血統）、古代においては当該地域の宗教・政治・経済・軍事のすべてを掌握していました。つまり、地方の〝王〟ですね。

彼らと徐福一行との具体的な関係は明らかになっていませんが、なんらかのつながりがあったことは確かでしょう。

ところで、スサノヲが最初に降臨したのは曾尸茂梨《そしもり》であったと『日本書紀』にあるところから、韓国朝鮮にも徐福渡来の候補地はいくつかあります。韓国でスサノヲと徐福を重ねてとらえているのは、近年の日本や中国の研究に基づいています。

韓国の研究者は、江原道春川、済州島などを曾尸茂梨に比定しています。

候補地の一つ、江原道には江原《こうげん》神社が建立されました（戦後、撤去）。スサノヲの宮殿跡と目された場所です。

▼江原神社　（旧朝鮮）江原道春川郡春川邑

【祭神】天照大神　明治天皇　国魂大神　素盞嗚大神

江原神社儀式殿

創建・鎮座は、一九一八（大正七）年。国幣小社。上掲の古写真は、江原神社儀式殿。なお、江原神社の跡地には楼門などはそのままに、現在はホテルが建てられているそうです（世宗《セジョン》ホテル）。宿泊して、ここから徐福のつもりになって彼の目線で眺めてみるのも一興かもしれませんね。

徐福の渡来

徐福を祭神として祀る神社は、私の知る限りでは五社あります。

▼**新井崎《にいざき》神社**　京都府与謝郡伊根町新井松川

【祭神】事代主命　宇賀之御魂命　徐福

▼**徐福社**　波田須《はだす》神社境内社　三重県熊野市波田須町

【祭神】徐福

▼徐福宮《じょふくのみや》　阿須賀《あすか》神社境内社　和歌山県新宮市阿須賀
【祭神】徐福
▼金立《きんりゅう》神社　佐賀県佐賀市金立町大字金立三四一五
【祭神】保食神　罔象女命　秦除福　（合祀）天忍穂耳命
▼金立神社下宮　佐賀県佐賀市金立町大字金立二四六七
【祭神】保食神　罔象女命　秦除福　（合祀）天忍穂耳命

新宮市の徐福宮は、阿須賀神社の境内に摂社として設けられているものです。この地域の地名そのものも阿須賀といって、阿須賀地区の北端の河口に面して山があり（蓬萊山という山名です！）、それを御神体として鎮座しています。

▼阿須賀《あすか》神社〈通称〉阿須賀さん　和歌山県新宮市阿須賀
【祭神】事解男之命《ことさかおのみこと》（配祀）熊野夫須美大神　家都御子大神　熊野速玉大神　（合祀）黄泉道守命　建角美命

そもそも「アスカ」という呼び名の語源は、清浄な地を意味する「スガ」に接頭語の「ア」が付いたものなのです。

「ア＋スガ」＝「清浄地」「聖地」ですね。

だから明日香や阿須賀など様々な表記のアスカが全国各地にあります。そして、その地域の最も清浄神聖な場所がアスカと呼ばれているのです。

だからアスカの地には神社が建てられている例が少なくないのです。

なかでも大和国（奈良県）の明日香（飛鳥）は特別で、ここには古代の宮都（皇居・首都）が営まれて、一〇〇年余にわたって統一国家ヤマトの中心地でした。この時を「飛鳥時代」といいます。

ちなみにアスカというヤマト音に「明日香」という漢字を充てたのが最も古く、その後奈良時代に「地名は好字二字（好字令）」とするように通達がなされて「飛鳥」に代えたものです。

言うまでもないことですが、飛鳥は音読みでは「ひちょう」、訓読みでは「とぶとり」であって、「あすか」とは読みません（読めません！）。

大和を「やまと」と読ませるのと同じで、日本固有の語彙、すなわち和語なのです。明日香の枕詞が「飛ぶ鳥」であったことから選ばれたものです。

そして、「スガ」という言葉が「聖地」を意味するようになったのは、すでに紹介したようにスサノヲの故事に基づいています。スサノヲが「すがすがしい」と歌い上げた出雲の須賀の地こそがその原点であって、須我神社の鎮座する須我こそが、聖地「スガ」の原点でしょう。

阿須賀神社も、きわめて古い由緒があります。

発掘調査でも明らかになっていますが、弥生式土器の祭器が多数出土しています。御神体の蓬萊山では、すでにその時代から祭祀がおこなわれていたのだという証しです。

阿須賀神社は熊野三社の「元宮」！

ＪＲの新宮駅を出ると、すぐ近くの裏道に面して徐福公園の極彩色の楼門があります。ここに徐福の墓と伝えられる墓石があって、かつてはそれを囲んで七人の臣下の墓石が北斗七星の形に並んでいたそうです。

この楼門も、以前は別掲写真のように「徐福廟」と掲げられていたのですが、戦後すぐの地震で倒壊して、近年改修整備されて徐福記念公園になりました。財団法人新宮徐福協会が管理しています。

そこから阿須賀神社までは歩いて十分もかからない距離です。

熊野川の河口に突き出るように小山があって、それが「蓬萊山」です。

阿須賀神社は蓬萊山そのものを御神体として、その南麓に鎮座しています。

この蓬萊山は、標高四十八メートル、直径一〇〇メートルほどの単独丘です。

全国に数ある〝蓬萊山〟の中では小さいほうかもしれません。

もちろん最大の蓬萊山は富士山で、他にも徐福伝説のある土地には必ずと言ってよいほど蓬萊山はあるのですが、そのすべては自然の山岳をそう呼んでいます。

しかし新宮の蓬萊山は河口の平地にお椀を伏せたような形で、きわめて人工的なたたずまいです。もしもこれが古墳であるなら、紀元前に造られたことになるので、誰が被葬者なのかたいへん興味深いですね。

地元の伝承では、熊野大神《くまののおおかみ》はまず神倉山に降臨し、そして阿須賀の蓬萊山に遷《うつ》ったとされます。その後、大神のうちの家都御子大神《けつみこのおおかみ》は熊野川上流の本宮に遷って鎮座し、速玉大神《はやたまのおおかみ》は西側の速玉大社の現社地に鎮座したのだそうです。阿須賀神社が熊野発祥の地と言われる由縁です（那智大社は「滝」を拝むためにできたもので、降臨神話とはとくに関係ありません）。

阿須賀神社の社伝によれば創建は紀元前四二三年となっていますが、それが事実かどうかはともかくとしても、本宮大社および速玉大社より先に鎮座していたことは確かでしょう。熊野三社における祭神の配祀の位置や、各社の祭祀の方法・関係等によっても元宮であると解釈できます。

また、長い歳月の中でこの伝承は保持されてきて、三社からとくに否定されることもなかった

「秦ノ徐福来朝ス」
（『西国三十三ヶ所名所図会』）

新宮市の徐福廟
（現在は記念公園になっている）

のは事実であることの証しと言ってもよいでしょう。

現在の主祭神は事解男之命《ことさかおのみこと》となっていますが、この神はとくに事績のない神です。黄泉の国の入口を示す神なので、熊野がそうだという考えで後から祀られたものでしょう。

そのような信仰はもともと熊野にあったものではなく、後世になって仏教化したことの影響です。

熊野が南方浄土への入口で、ここから海へ漕ぎ出せば浄土へ行ける（補陀洛渡海《ふだらくとかい》）という信仰です。


蓬萊山は典型的な神奈備です。

しかも熊野川の河口にあって、川が氾濫しても、あるいは高潮や津波があっても、蓬萊山のみは泰然としていたことでしょう。その姿に古代の人々は神の依り坐しを信じたに違いないと容易に想像できます。

この阿須賀の地に、徐福が上陸したとの伝説があります。

阿須賀神社の社殿は徐福が居住した場所に建てられたものと伝えられていますが、ここを拠点に土着の人々に農耕や捕鯨、造船や製紙などの技術を伝えたのだとも伝えられています。

熊野信仰の始まりが蓬萊山・阿須賀神社であることと、徐福伝説とは深い関係がありそうです。

新宮には徐福の墓と伝えられる場所は他にありますが、墓所というならばそれはむしろ蓬萊山であっても不思議ではないでしょう。

ただ、徐福は「平原広沢の地（平野と湖）」を得て、その王となったと『史記』にあるので、ここ熊野川河口域は該当しません。したがって、徐福の子の一人がここにとどまり、開拓したとも考えられます。五十猛（イソタケル、イタケル）と呼ばれるようになった人物が、きっとそれに該当するのでしょう。

ところで世に知られている、いわゆる「熊野縁起」は中世以降に成立したもので、仏教の視点から書かれています。

したがって、ホトケを「本地《ほんじ》」として神に「垂迹《すいじゃく》（仮の姿となって現れること）」させるためには、阿須賀神社・蓬萊山から熊野信仰は始まるという事実を消さなければなりませんでした。

なにしろ本地垂迹説というのは、たとえば熊野本宮大社の主祭神である家都美御子大神《けつみみこのおおかみ》は本当は阿弥陀如来《あみだにょらい》なのだけれども、家都美御子大神という仮の姿となってこの国に現れたもの、とする思想なのです。なんというこじつけ！

それなら、何だってこじつけられますよね。

本当は仏陀＝ゴータマ・シッダッタ（Gotama Siddhattha）なのだけれども、戸矢学という仮の姿となって現代の日本に現れたのだ――というふうに言ってもいいわけですよね。しかしもちろん、私はそのような本地などはなく、私は私という人間以外の何ものでもありませんが。

仏教系の新興宗教では教祖である人物を、この論理で〝神〟や〝仏菩薩〟に仕立て上げるのが通例です。

この論法を発明し、人々に信じさせるべくこの手の縁起物語を創作することによって、仏教は急速に拡大していくことになります。

ちなみにこの思想によって「仮に現れた」という意味で「権現《ごんげん》」と呼びました。「権」というのは「臨時の」という意味です。

東照大権現とか根津権現などの呼び名でご存じのかたも多いと思います。

神社を権現と呼ぶと、その祭神の本体は仏菩薩ということになってしまいます。

通称として今も各地で呼ばれている例は少なくないのですが、実は、正式名称としては今は一切使われていないのです。

明治初頭に法令によって廃止され、戦後は神社本庁によって使用が禁止されているのです。ですから、くれぐれも神社を○○権現などと呼ばないようにしましょう。神様をおとしめることになりますから。

なお「明神《みょうじん》」という言葉は権現に対抗して生まれたものです。神社を仏教に取り込まれてしまうことに危機感を抱いた神道側の発想です。

仏の仮の姿で現れたのではなく、「**明**らかに**神**として現れたもの」という意味です。東京の神田明神が有名ですね。

熊野本宮の神・家都御子《けつみこ》大神の謎

阿須賀神社の祭神であり、熊野本宮大社の主祭神である家都御子大神（家都美御子《けつみみこ》大神）は、実は「記・紀」に登場しない謎の神です。

「富士山」が「記・紀」にはまったく登場しないと指摘して、その理由を本書では述べてきましたが、こんどは「謎の神」です。

記紀神話の成立よりはるかに古くから祀られている神であるにもかかわらず、その名はどこにも見当たりません（なお、神名は他に別表記がなく「家都」がオリジナルであるため、あえてカタカナ表記にはせず、漢字表記とします。速玉、夫須美も同様です）。

熊野三社の主祭神は、本宮が家都御子神、新宮が速玉神、那智が夫須美神ですが、他の二神は『新抄格勅符抄《しんしょうきゃくちょくふしょう》』（八〇六年）に見えます。

七六六年に熊野速玉神と熊野牟須美神にそれぞれ四戸の封戸《ふこ》が与えられたと記録されています。これが熊野神が文献に登場する初見です。

家都御子大神（家都美御子大神）という名は後から付けられたもので、平安初期までは熊野坐神《くまのにいますかみ》とのみ呼ばれていました。「熊野においでになる神」という意味で、名は不明でした。熊野三社でも最上位であり中心である本宮の神が、名前不詳であるというのは、きわめて重大なことです。

▼**熊野本宮大社《ほんぐう》**　〈通称〉本宮さん　和歌山県東牟婁郡本宮町本宮

【主祭神】熊野牟須美大神　事解之男神　速玉之男神　家都美御子大神　天照大神

▼**熊野速玉《はやたま》大社**　〈通称〉熊野権現　和歌山県新宮市新宮

【主祭神】熊野夫須美大神　熊野速玉大神　家津美御子大神　国常立尊　天照大神（神倉宮）高倉下命

▼**熊野那智《なち》大社**　〈通称〉那智山、熊野権現　和歌山県東牟婁郡那智勝浦町那智山

【主祭神】大己貴命　家津御子大神　国常立尊　御子速玉大神　熊野夫須美大神　天照大神

熊野修験の経典の一つである『大峰縁起《おおみねえんぎ》』には、家都美御子神はインドの国王である慈悲大顕《じひだいけん》王《おう》で、速玉神はその王子、夫須美神はその王女であるとされています。

また、『神道集』（十四世紀後半）に収録されている説経節には「熊野権現の事」として次のように語られています。

昔、インド・マカダ国の善財王は一〇〇〇人の后がいて、それぞれに都を構えさせていた。その中の一人に五衰殿という女御がいて、久しく王に忘れられていたのだが、観音信仰のおかげで再び王が通うようになる。そして、やがて懐妊する。

しかし他の九九九人の后たちの嫉妬はすさまじく、五衰殿を讒訴して鬼谷山において斬首させてしまう。

死の直前に生まれていた子供は十二頭の虎に育てられるが、天啓を受けた喜見上人によって助け出され、上人が養育する。

子供が七歳になった時に、上人は善財王のもとへ王子をともなって参上し、真相を伝えた。大王は王子の顔に顔を押し当てて号泣した。

「前から女の恐ろしさは承知していたものの、こうまで無情で乱暴な話があろうとは。こんな恐ろしい女たちの顔はもう二度と見たくない」

大王はこう言って、黄金造りの飛ぶ車に大王、王子、上人の三人で乗り、空を飛んで日本にやってきて、出雲や英彦山など各地を経てから最後に紀伊国牟婁郡に落ち着いた。

——もちろんこういった縁起物語は後世の創作ですが、なにやら「渡来神」の匂いを感じさせるのは仏法説話だからとばかりは言い切れないでしょう。

貴種流離譚——高貴な血筋に生まれた者が流浪する話——は、神話の基軸としてつきものですが、その場合でもスサノヲ神話やヒルコ神話のように「天の国」や「神の国」から離れる、追放されるという物語になっているものです。

あえて作為をおこなうのに、他国からの「渡来」を言う必要はないし、言ったから信徒が増えるというものではないでしょう。

それくらいであるならば、むしろ「天の国」や「神の国」の尊貴の血筋であるとしたほうが信心は得やすいはずです。

したがって、熊野縁起で「渡来」をうたっているのは、それにこそ強い意味が込められているとも解釈できるのです。

速玉神や夫須美神さえもがそこから生まれた根源の神、大本の神である熊野坐神。その正体は渡来神であるがゆえに、本来の名は秘されたのではないかとも考えられます。そして、後から付けた名「家都御子大神」には由来を込めたと。

神名は使われている漢字にこだわると本来の姿がかえって見えなくなります。漢字はあくまでも借り物であって、所詮は当て字だからです。

ケツミコとは、御饌津神《みけつかみ》でしょう。

この名にそれより他の意味はありえません。饌《け》の神――「つ」は「の」の意味です。天つ神、国つ神と同じ用法です。すなわち食物の神、まさに「五穀の種子をもたらした神」のことではありませんか！

それまでにない農産物の種子は、どこか別の土地からもたらされる以外に方法はありません。そもそも稲という農作物が異国からの渡来なのです（陸稲は縄文時代から自生しています）。おそらくは揚子江下流域から、種子と稲作技術と人とが渡来したことによって始まったものだろうとは、ほぼ定説です。

ちなみに現在私たちの食卓に上っている農作物で日本列島の固有種・原産種はわずかな数にすぎません。

山葵《わさび》や独活《うど》、三つ葉、山椒などは日本原産ですが、ジャガイモやトマトは南米、サツマイモは中米、キュウリやナスはインド、キャベツやカブは南欧、スイカやレンコンはアフリカといったように、多くは「渡来」なのです。

とりわけ私たち日本人の〝主食〟である水稲米は、弥生人とともに海を越えて渡来したもので（紀元前五～四世紀）、縄文人の食卓には上っていないものです（陸稲は山菜や木の実と同程度に食されていたようです）。

すなわち食物の神が渡来であって、なんの不思議もないということになるのです。

スサノヲ神話に「五穀の種子は渡来」であると書かれているのも、神話形成当時の日本人がすでにそのことを承知認識していた証しでしょう。

異民族による日本征服はなかった

なお、誤解のないように申し上げておきますが、徐福一行が渡来して古代日本を征服したというようなことを言っているのではありません。

近年、広く信じられているもので、「日本は渡来民族によって征服された」という説があります。

おおまかに言えば、土着の民族である縄文人を征服して、ここに新たな国家を建設したのが渡来の弥生人であるという説です。

半島経由で騎馬民族がやってきたとか、黒潮を利用して海人族が大挙してやってきた等々が比較的支持者の多い説です。

しかし答えは、「日本語」にあります。

『古事記』と『万葉集』はヤマト言葉で書かれていますが、『日本書紀』は漢語で書かれています。

ということは『古事記』『万葉集』までは土着の言語で、『日本書紀』の頃には征服民族の言語に変わっていたのでしょうか?

もちろんそんなことは起きていないと皆さんはすでにご存じです。

当時から今に至るまで、日本人の話し言葉は本質的には変わっていません。

おそらく縄文時代の人たちとも、今の私たちの日本語で会話ができるはずです。

『日本書紀』は〝対外的〟な理由から漢語で書かれただけのことで、依然として話し言葉も共通言語も公用語もヤマト言葉であったのです。

つまり、言語に関しては〝民族の交替〟はありません。

しかしもし、渡来した異民族がこの国土を征服したのであるならば、まず言語が征服者の言語となるのが通例です。

ところが今に至るまで私たちが用いているのは、ヤマト言葉を基軸とする日本語です。新羅語でもなければ広東語でもありません。これだけでも、異民族による征服はなかったと結論するにじゅうぶんな証左でしょう。

そしてこの事実は、日本の天皇家のルーツが縄文人にあることを示すものです。

おそらくは紀元前のかなり古くから、海流に乗って外からの血脈が移入し、この地の統治者との混血もあったであろうとは考えられます。

歴史時代に入っても、桓武天皇の母が百済系の出自であったように、紀元前にも稀ではありながらもそういった混血はあったと推測する理由はいくつかあります。このことについては拙著

『ヒルコ』で論じておりますので詳しくはそちらに譲りますが、「日本神話」の成り立ちはそれも含んでおり、きちんと記述されているのだというのが私なりの結論です。

ただし重要なのは、それでも私たち日本人の言語は征服されることはなく、ヤマト言葉であり続けている、ということなのです。

美しいヤマト言葉は代々の皇室に受け継がれ、保《たも》たれ、今なお皇室に残っています。これこそは、天皇家のルーツをはっきりと示す証左でしょう。

神話の神々は実在人物

ところで私は、日本神話に登場する神々は基本的にすべて実在したと考えています。

アマテラスもスサノヲも、そういう人物がかつて実在していて、亡くなると神になり、崇められるようになったと考えているのです。

私は神職（いわゆる神主）でもあるので、そういう立場の人間がこういう主張をおこなうのは不謹慎であるという人もいるでしょう。

しかしちょっと待っていただきたい。

私が言うまでもなく、神道では、人は死ぬと神になるのです。

あなたも私も、死後は神として祀られます。

死の瞬間まで用いていた名前の後に「命《みこと》」を付して、その時から神となります。

以後は、永遠にその家系・子孫の守護神となります。

仏教で死ぬと「仏《ほとけ》」になるのと考え方としては同様です。

ただし、その「神」や「仏」という概念が何を意味するかは人によって様々な見解があるでしょうから、ここではこれ以上踏み込みません。

神道では、すべての人間が「神からの命令」、すなわち「みこと（御言）」を受けた者であり、それをおこなう者「みこともち」であるとするのです。

死して「命」の尊称が付されるのは、神上がりしたとの考え方から来ています。つまり、神になる、あるいは神に還るということなのです。


だから、東郷平八郎も乃木希典も死後は神として神社に祀られました。

▼東郷神社　東京都渋谷区神宮前
【祭神】東郷平八郎命
▼乃木神社　東京都港区赤坂
【祭神】乃木希典命　（配祀）乃木靜子命

東郷平八郎命も乃木希典命も、当たり前ですが生前は人でした。

そして彼らのような一部の偉人は、多くの崇敬者によって祀るための神社が建立されますが、それ以外の人々も各家々の祖霊舎などに合祀されます。

そして以後永遠に祖先神として子孫を守護する神となるのです。

これが神道の考え方です。

「氏神」は、かつてそのようにして神となった氏族の祖先のことです。


繰り返しますが、神道では人が死ぬと神になります。

すなわち、神は生前に人であったのです。

この論理を、「神」によって区別する理由はありません。
○▽神は人間でしたが、□◇神は最初から神でした、などという区別はないのです。
あるいは「天神（天つ神）は特別」と詭弁を弄してはなりません。

同じ神を「天」と「地」とに分けたのは、まさに特別感を意図的に醸成しようとしたものでしょう。しかし、こういった神話の構造は、関係性や力学を物語るものではあっても、神々の本質ではありません。

前提として、神は平等に神だということです。

そして、死した人が神として祀られたものなのです。

だから、神話の神々はかつて実在した人であるということです。

これは、私が神道人であるからこそ言えることです。

もし「神々は実在しなかった」と言う人がいるならば、その人こそはむしろ神道人ではないと言うべきです。日本人でないとは言わないが、少なくとも神道人ではありません。自己否定になるからです。

日本人は、仏教が渡来するはるか以前から祖先を神として祀り、その守護を祈る暮らしを続けているのです。全国にあまねく遍在する無数の神社こそはその証しです。


なお、神道には「自然信仰」という側面があって、山や川、湖、樹木、岩などの自然物、あるいは光や風といった自然現象を神として信仰しています。

しかしそれらの神も、元は人であって、その遺徳や霊威をそれぞれの自然現象と関連付けて一体化したものと私は考えています。

しばしば言われるような「自然現象を擬人化した」ものではなく、人を自然現象に関連付けたものと考えています。

菅原道真が雷神と一体化したのはその典型です。


ただしこの考え方は、わが国の神話についてのみの感想です。

他国の神話は、必ずしもそうではないでしょう。

最初から超越的存在すなわちgodとして創造された場合もあるでしょうし、人類の想像力の産物として様々な潤色もおこなわれてきたでしょう。

日本でも、仏教が輸入されて、いわゆる神仏習合が始まってからは、本地垂迹説などにも見られるように、後付けで「新しい神話」が様々に創造されました。

神社の祭神についての縁起は、この際に膨らませたものが少なくありません。そのため仏教色を取り除くと本来の神社伝承が見えてくるというケースもしばしば見受けられます。

残念ながら、これもまた、神道や神社を誤解させる要因の一つとなっているのです。

スサノヲ、イソタケル父子は海を渡ってやってきた

さて、すでに紹介したように、初めにスサノヲと、その子・イソタケルは、新羅の国・曾尸茂梨《そしもり》に降臨しました。

しかし「この国には居たくない」と言って、すぐに土で船を造って、東に船出して、出雲に渡っています。

この記述をもって、スサノヲおよびイソタケルを朝鮮渡来の神であるとする説がありますが、それは曲解であるとおわかりいただけたことと思います。ここにはそのようには書かれていないのですから。

この記述は、「高天原から新羅に天降りしたが、新羅には居たくないということで、船で出雲に来た」ということです。

つまり、スサノヲ、イソタケル父子は、「高天原からの渡来神」なのです。

そして新羅・曾尸茂梨に一度は降り立ったのですが、「この国は吾居らまく欲せじ」とはっきり言っているのです。

この言葉は、新羅が故国故地ではないことを明示しています。むしろ、はっきりと「拒否」「否定」しています。

これは、この後の「種蒔き」の記述とも相乗して、新羅・曾尸茂梨を婉曲に非難していると受け取れます。

一時的にせよ降臨して滞在した彼の地において、よほど忌避すべきことがあったのだろうと想像できます。さもなければ、このような記述をする必要もなく、また敢えて去る必要もないはずですから。

なお、右に「高天原からの渡来」と書いたのは、むろん不用意にそうしたわけではありません。高天原を〝天国〟と思っている人はまさかいないと思いますが、私はすべての神はかつて人として実在したと考えているので、その人が渡来の人であるならば、どこの地から渡り来たったのか当然知りたいのです。

どこから新羅に来たのか、ということです。

文脈から考えて、この場合の高天原は海の向こうであって、新羅を経由するところに位置すると考えられます。

すなわち、朝鮮半島の彼方にあるどこかということになるでしょう。

スサノヲとその一族・一団は、そこからやってきたのです。

いかがですか？

この来歴は、徐福一行の来歴とそっくりではありませんか？

スサノヲの子である五十猛（イタケル、イソタケル）は五穀の種子をもって紀伊国に留まり、後に家都御子大神として崇敬されたのかもしれませんね。

そしてリーダーのスサノヲは、当地でも情報収集し、さらなる〝聖地〟、最終の地を求めてさらに東へ向かったと思われます。

目的はもちろん「蓬萊山」を目指して、です。

紀伊半島を海岸沿いに東へ移動するとすぐに二見浦へ出ます。

そこから、〝ダイヤモンド富士〟を見たかもしれませんね！

その程度の情報は当然早くに手に入れていたことでしょう。

そして、あれこそが「蓬萊山」だと、結論付けていたのではないでしょうか。

蓬萊山すなわち富士山を望む地に、スサノヲを祀った古社があるなら、それこそは一行が最終的に到達した「平原広沢」の地、つまり「平野と湿地」の地であろうと思われます。

そして『史記』の記録にある通り、その地を得て「王」となったという伝承に符合することになります。

最終章では、その地を特定し、彼らが現存し活動した〝痕跡〟を求めます。

㊌の章 ふつのみたま

富士山の都は、いずこ？

富士山は日本一の神奈備《かんなび》です。

その信仰拠点は他の神奈備と同様に山麓に発現します。

現在、浅間神社が鎮座している場所がそれに当たります。

といっても、北側南側など浅間神社はいくつもあります。

それらの中でも第一は富士宮市の富士山本宮浅間大社《ふじさんほんぐうせんげんたいしゃ》と、その元宮《もとみや》である山宮《やまみや》です。富士山山頂には本宮《ほんぐう》の奥宮《おくみや》があり、富士山の八合目より上は本宮の境内地です。


この富士宮市には、現代においてもなお多くの宗教団体が本部を置いていることはすでに紹介しました。

しかし、富士宮市を一度でも訪れてみれば即座にわかることですが、そこは決して大きな都市ではありません。

古来、多くの人がこの地を経由して富士山登拝をおこなってきたにもかかわらず、社会的にも経済的にも特別発展することはなく、どこまでも〝信仰の町〟であったのです。

信仰の拠点、神奈備の街、門前町とはそういうものです。

これは、古くからの〝信仰の町〟に共通していることでもあります。

たとえば出雲大社の出雲市、大神神社の桜井市（旧・大三輪町）などなど、事例を挙げれば枚挙に暇《いとま》がありませんが、いずれも共通するのは、信仰の町は古代から人が集う地であるにもかかわらず決して大都市にはならない、ということです。

出雲には「国譲り神話」がともないますが、譲られた国は出雲ではありません。こことは別に栄える〝国〟があったのです。

国譲りで「譲った国」、とはそこのことです。

現在私たちが認識している出雲という地域がヤマト朝廷に譲られた国のことだと大方の人は思い込んでいると思いますが、それは違うのです。

三輪も同様です。最も古くからの信仰の地である三輪は、古代から現代に至るまで社会的経済的に繁栄することは決してなく、都は常にその外側にありました。

富士宮も、これらの町と同じ位置付けです。

ここには「繁栄した国家」の痕跡はなく、かつても今後もそういう場所になるような土地ではありません。

富士宮で祭祀をおこなっていた〝国〟は、別の場所にあったと考えられます。

さて、それではその〝国〟はどこでしょう?

富士山を信仰の中核とする〝国〟。

日本一の神奈備ですから、きっとそれにふさわしい大きな国であるに違いないと思いませんか?

経済的にも、さぞ繁栄していたことでしょう。

そして、そこには君臨する〝王〟がいたはずです。

大きな国には、偉大な王がいるのは世の習いですよね。しかもそれが「建国の初代の王」であるならば、桁違いのレベルであろうとは誰もが考えることでしょう。

古代の王、とくに建国の王は、宗教と軍事と経済のすべてを総合的に統括する能力が抜きん出ていなければ務まりません。秦の始皇帝がそうであったように、一代の英雄と呼ぶにふさわしい能力を備えているものです。

日本の古代——就中《なかんずく》、関東の古代に、そのような人物がいたのでしょうか?

少なくとも〝公式記録〟は見当たりません。なにしろその時代の関東は(それ以前も)、記録そのものがない〝空白の時代〟なのですから。

しかし、ここに多くの人が暮らし、なんらかの経済活動がおこなわれていた「大きな国」が存在繁栄していたことは確かでしょう。

もともと関東地方には縄文時代の早い時期から多くの人々が暮らしていたことは、関東各地に無数に残る「貝塚」によって明らかです。

縄文時代の貝塚は、日本列島全体で約二五〇〇カ所発見されていますが、その四分の一は東京湾岸一帯に集中しています。

そして彼らの子孫も代々この地に暮らしていたであろうことは否定できません。

弥生時代に入ると、突然のように巨大古墳が関東各地に築造されるようになります。

日本屈指の規模である埼玉古墳群は特に有名です。

その中の一つである稲荷山古墳から出土した「鉄剣」は、一一五文字に及ぶ金象嵌《きんぞうがん》の銘文が発見されたことで大ニュースになりました。

これだけの遺跡が集中しているのですから、ここに〝大きな国〟があったことは自明のことです。

ところが、どんな国があったのか、誰が王だったのか、実はまったくわからないのです。


私は、その最大の手掛かりを徐福と地理風水に求めようと思います。

どんな国があったか、誰が王だったかがわからないのであれば、そこになぜ〝大きな国〟が建国されたのか、また維持され、かつ繁栄したのか、その理由がわかれば少なくとも国家と王の存在の〝逆証明〟になるでしょう。

方士《ほうし》が能くした方術（風水術の原型・天文地理）とは、本来「都」を定める技術です。

都にふさわしい土地を探し出し、長く栄える都を設計・建設する技術です。

すなわち、富士山を蓬萊山とするならば、地理風水によって都の位置は自動的に定まります。

蓬萊山を目指してここに到達した者は、当然ながら富士山の旺気に守られる龍穴の地に国の中心を据えるはずです。

そしてその地こそは『史記』に記録されている通りの、「平原広沢の地」――つまり、平野と湿地であるはずです。

また、そこにかつて〝王宮〟が置かれ、後には初代の〝王〟であった者が子々孫々の守護神として祀られているはずです。

地理風水で王都を探せ！

方士がおこなっていた地理風水の方法に「天心十字法《てんしんじゅうじほう》」というものがありますが、国の宮殿を建設する際に、その中心＝大極殿《だいごくでん》の位置決めをする手法です（平城京や平安京でもこの方法で決められています）。

通常は主山《しゅざん》を北に見るのですが、富士山は海際にあるため、土地の開けた方角で測量することになります。

関東地方の地図を見ると一目瞭然ですが、「天心」を算出するポイントは富士山と浅間山《あさまやま》と筑《つく》波山《ばさん》です。

富士山の噴火によって形成された関東平野は、日本で最も広い平野であって、四方に眺望が開けています。

西北には多くの峰が連なりますが、中でも西北に聳える**浅間山**は、「冬至の日の出」をとらえる山として古来、特別な信仰を集めています。

冬至は、ご存じのように一年で最も夜が長い日のことです。

つまり、冬至に向かって陽はどんどん短くなって、ついに冬至に最短となり、そしてその翌日からは今度は陽が長くなり始めるという日なのです。

そのため古代においては、冬至の翌日を一年の始まりの日としていました。

地理風水では、冬至までは「陰の気」が進み、冬至以後は「陽の気」となる、としています。

さしずめ、一年の〝夜明け〟なのですね。

冬至こそは、本来の「暦の基準日」なのです。

関東という地域において、浅間山がいかに重要な位置にあるか、おわかりいただけたと思います。

そしてもう一カ所、関東平野の東北方向から南東方向にかけては目立った山嶺はありませんが、その中で唯一視界にとらえられるのが**筑波山**です。

この地に暮らす古代の人々は、富士山、浅間山、筑波山を遥拝して、素朴な自然崇拝を育んでいたと思われます。

これらの位置関係を図示すると次頁のようになります。

交点には、武蔵国一宮・**氷川神社**があります。関東で最も古く、最も大きな神社です。とすると、ここが古代の国の中心であり、大極殿があったところということになります。そして「初代の王」「建国の父」が祀られていることになるはずです。そして同時に、徐福が得た「平原広沢」の地の中心ということになるはずです。

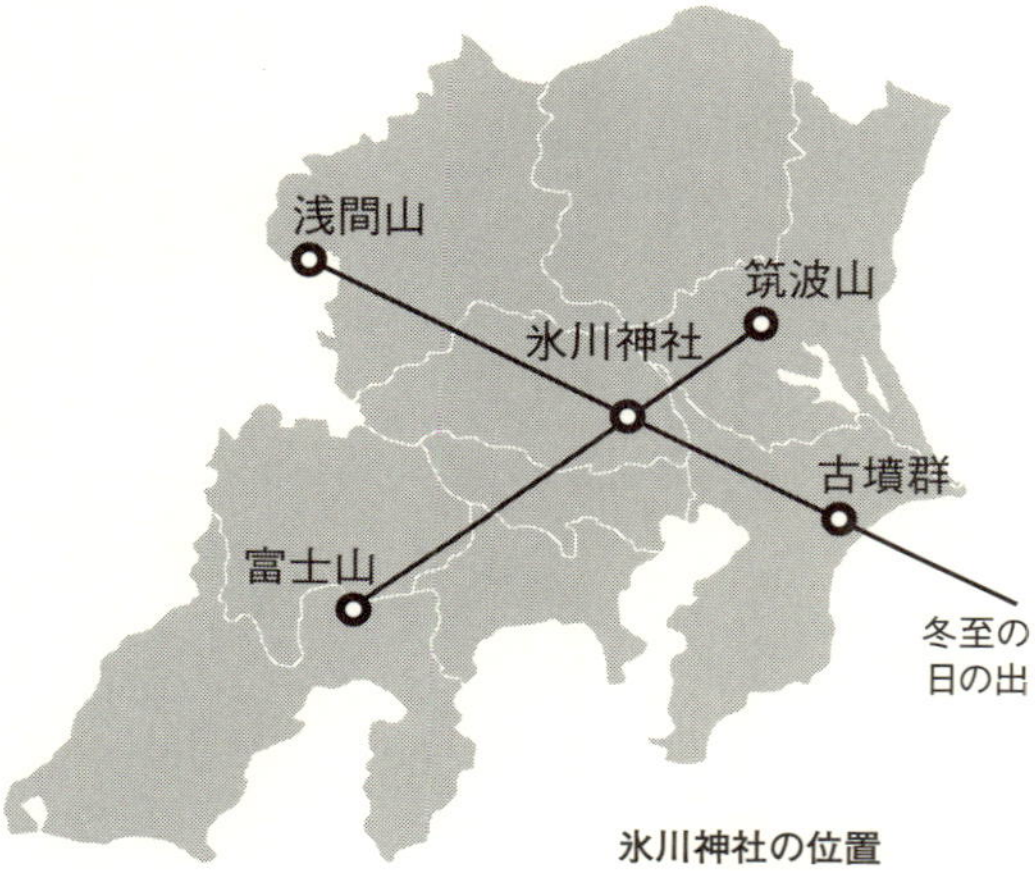

氷川神社の位置

▼**氷川神社**　〈通称〉お氷川《ひかわ》様　埼玉県さいたま市大宮区高鼻町
【主祭神】須佐之男命《スサノオノミコト》　稲田姫命《イナダヒメノミコト》　大己貴命《オオナムチノミコト》

スサノヲを祭神とする神社は複数系統あることはすでに述べました。

その第一は八坂神社（祇園社）ですが、これは牛頭天王を祀ったことに始まるもので、スサノヲ神は後付けであると、すでに紹介しました。

それでは次に多いのはといえば、氷川神社なのです。

氷川神社の鎮座する地は古来「大宮《おおみや》」と呼ばれて

きました。

今では浦和市などと合併して「さいたま市」になっていますが、それ以前は「大宮市《おおみやし》」と称して埼玉県最大の市として県民は周知していたものです。

「大宮」という地名は、その地に鎮座する氷川神社に由来しています。


神社の「由緒」にはこんなふうに記されています。

「氷川神社は社記によると今から凡そ二千有余年、第五代孝昭天皇の御代三年四月未の日の御創立と伝えられます。

御祭神、須佐之男命は天照大御神と月読命とともに伊弉諾命から生まれた三貴子の一神で、八俣大蛇退治など力強く雄々しい神として知られております。

大己貴命は須佐之男命の御子に坐して国土を天孫瓊々杵命《ににぎのみこと》に御譲りになられた国土経営の神です。稲田姫命は須佐之男命の御妃で大己貴命の御母神です。

この御三神をここにお祀りされたのは国土経営、民福安昌祈願のためであって、大和朝廷の威光が東方に及ぶにつれて、当神社の地位も重くなったと考えられています。

神社の鎮座する地は、大宮台地の上にあり、その中でも鼻のように高く突き出た位置にある為、一帯の地名は高鼻町と呼ばれます。かつて神社の東側には見沼と呼ばれる広大な湖沼があり、豊かな土壌を形成する元となっておりました。「神沼」、「御沼」とも呼ばれた見沼は正に豊かな恵みを与えて下さる神聖な水をたたえた湖沼で、江戸時代に開発された見沼溜井は周囲約39キロに及ぶ大貯水池でした。現在境内にある神池は見沼の名残であるといわれ、神域の蛇の池からの湧水が豊富に注がれております。

地理的な点から見ても、見沼をひかえ土地は肥沃で東西南北に交通の便もよく、人々は益々繁栄し今日の基をなすに至ったものと思われます。

第十二代景行天皇の御代、日本武尊は当神社に御参拝し東夷鎮定の祈願をなされたと伝わっております。第十三代成務天皇の御代には出雲族の兄多毛比命が朝廷の命により武蔵国造となって氷川神社を奉崇し、善政を敷かれてから益々当社の神威は輝き格式を高めたと伝わります。

今から凡《およ》そ千二百年前の聖武天皇の御代には武蔵一宮と定められ、醍醐天皇の御代に制定された延喜式神名帳には名神大社として、月次新嘗案上の官幣に預かり、又臨時祭にも奉幣に預かる等、歴朝の崇敬を殊の外厚く受けてまいりました。(以下略/傍線筆者)」

武蔵国一宮、官幣大社、関東では最古で最大の神社です。

全国に三〇〇社近くある氷川神社の総本社です。

「由緒」のポイントである傍線部分に注目してください。

まず一つ目は、「大和朝廷の威光が東方に及ぶにつれて、当神社の地位も重くなった」ということです。

つまり、ヤマト朝廷が東国を支配統治するために、氷川神社の威光を利用したということです。すでにそれだけの地位にあったのを示すものですね。

しかも、ヤマト朝廷は氷川神社を征討するのではなく、尊重することで共存共栄の道を選んでいます。——その理由は何だったのでしょう？

九州を出発点に東へ進軍し、各地の豪族を次々と征討し、ひたすら全国制覇へと向かいつつあるヤマト朝廷が、いったい何に〝遠慮〟したというのでしょう？

「信仰」の力でしょうか、それとも「経済」の力でしょうか？

「信仰」の力は当然あったでしょう。

しかしそれだけならば、すでに各地で直面しています。

瀬戸内海全域を信仰圏とする大三島の大山祇神社、備前一帯を信仰圏とする吉備津神社、紀伊一帯を信仰圏とする熊野三社、大和一帯を信仰圏とする大神《おおみわ》神社など、すべて完全に統治下に置いてきています。

それでは、氷川神社にはさらに何があったのでしょう？

その答えは、二つ目の傍線部分にあります。

「かつて神社の東側には見沼と呼ばれる広大な湖沼があり、豊かな土壌を形成」していたのです。

「由緒」にあるように、この一帯は「肥沃」で、しかも「交通の便もよく」、そのためたいへん繁栄していたとあります。

四方拝の謎

ところで氷川神社は、天皇陛下が元旦早朝におこなわれる**四方拝**《しほうはい》という祭儀において、必ず遥拝祈禱される社名に入っています。

これは〝特別扱い〟ということなのです。


宮中祭祀を子細に見ると、いくつもの真相が見えてきますが、なかでも四方拝は、その年の一番最初の祭祀ですから、それだけの〝意味〟があります。

四方拝は、正月元旦に、天皇陛下が御一人でおこなう陰陽道の祭祀で、古えより現在に至るまで連綿と続いています。

本来の次第は次の通りです。


旧暦一月一日の寅の刻（午前四時頃）に、天皇は黄櫨染御袍《こうろぜんのごほう》という黄色の朝服《ちょうふく》を着用し、清涼殿の東庭に出御します。

屏風八帖を建て巡らし、天皇一人がそのうちに入り、閉ざします。

天皇はまず北に向かい、みずからの属星《ぞくしょう》を拝します。

属星《ぞくしょう》とは、陰陽道では、誕生年によって定める北斗七星の中の一つの星で、その人の運命をつかさどる命運星です。

次ぎに天を拝し、西北に向かって地を拝し、それから四方を拝し、山陵を拝します。

平安時代にはすでに正月元旦の恒例となっていました。

このとき天皇は以下の呪言を唱えます。

賊寇之中過度我身《ぞくこうしちゅうかどがしん》、毒魔之中過度我身《どくましちゅうかどがしん》、毒気之中過度我身《どくけしちゅうかどがしん》、毀厄之中過度我身《きやくしちゅうかどがしん》、五鬼六害之中過度我身《ごきろくがいしちゅうかどがしん》、五兵口舌之中過度我身《ごひょうくぜちしちゅうかどがしん》、厭魅呪咀之中過度我身《えんみじゅそしちゅうかどがしん》、百病除癒《ひやくびょうじょゆ》、所欲随心《しょよくずいしん》、急々如律《きゅうきゅうにょりつ》令《りょう》。

すべての災厄は我が身を通り過ぎて治まりたまえという意味です。

最後の「急々如律令」は、陰陽道独特の呪文です。漫画や映画でも、安倍晴明がしばしば唱えていたので、ご存じの読者も少なくないと思います。元々は「律令の如くせよ」という意味ですが、早くに意味は失われています。呪文というのはそういうものです。

なお発音は参考までにルビを付しましたが、本来私たちの容喙《ようかい》すべからざる領域のことであって、みずから唱える陛下ただ御一人のみの知るところです。

また、屛風に囲まれているため、他の何者も祭儀次第を目にすることはありません。

四方拝とは、そういうものなのです。一種の「秘祭」といってもよいでしょう。

かねてより私は、これを「封禅《ほうぜん》」あるいは「郊祠《こうし》」のエッセンスを受け継いだものではないかと考えています（封禅・郊祠については後述）。

明治以後は、皇室祭祀令によって規定され、皇室祭祀令が廃止された戦後においても、それに準じておこなわれています。

現在では元旦の午前五時半に、天皇は黄色の束帯を着用して出御。宮中三殿の西側にある神嘉殿の南の庭に設けられた建物の中で、伊勢の内宮と外宮、すなわち皇大神宮と豊受大神宮に向かって拝礼した後に、四方の諸神を拝するように改められています。

戦前は国家祭祀としておこなわれて四方節と呼ばれ、祝祭日の中の四大節の一つとされていましたが、戦後は天皇家の私的な祭祀としておこなわれています。

そして、このときに天皇陛下が拝する神々および天皇陵は次の通りです。

伊勢神宮
天神地祇
神武天皇陵
先帝三代の陵
氷川神社
賀茂神社
石清水八幡宮
熱田神宮
鹿島神宮
香取神宮　以上

この一覧が公表されてから、論議が収束したことはありません。

伊勢神宮と石清水八幡宮は皇室の「二所宗廟」であるため別格として、一般の神社名はわずかに**五社**しか挙げられておりません。

このうち熱田神宮は、三種の神器の一つである草薙剣を祀る神社ですから、皇室とは特別の関係にあります。

賀茂神社は、賀茂別雷神社（上賀茂神社）と賀茂御祖神社（下鴨神社）の二社の総称で、山城国一宮です。つまり平安京一三〇〇年の守護神ですね。これも当然といえばいえるでしょう。

しかし、その他の三社がなぜ氷川（武蔵国一宮）、鹿島（常陸国一宮）、香取（下総国一宮）なのか？

これ以外の数ある大社がここに一切含まれないのは何故か？

またここに仏教関係が一切含まれないのは何故か？

今に至るも明確な答えは明らかになっていません。

しかも関東の三社は、東京に遷都してから加えられたものです。

そして氷川神社は、社名列挙の筆頭なのです。

氷川神社と太陽信仰

これほどに重要視され、かつ関東随一の古い由緒を有している神社であるにもかかわらず、実は大宮の地にはそれに相応しい遺跡や遺物がまったくありません。

氷川神社の社殿も明治十五年と昭和十五年に改築して現在の姿になる前は、質素なものでした。

この地域には大規模な古墳もなく、古代の城郭遺跡もなく、歴史に刻まれるような重要な遺物も発掘されておりません（縄文土器や弥生土器は数多く発掘されています）。

にもかかわらず、明治天皇は東京へ入ってわずか四日目（明治元年十月十七日）に、氷川神社を武蔵国の総鎮守とし、「勅祭社」と定めたのです。

そして十日目には早くも大宮に行幸し、翌二十八日にみずから御親祭を執りおこないました。

もちろんそれは関東のすべての神社の中で最初であり、きわめて特別なことです。

明治天皇は明治三年にも再び参拝しています。

氷川神社は、これほど〝特別扱い〟されて現在に至っているのです。

にもかかわらず、氷川神社に関しては満足な研究書さえほとんどありません。

とくに古代史研究者からは無視に近い扱いをされています。

研究者の興味関心をそそるような物や事、文献や考古遺物がきわめて少ないからでしょう。

しかし、本当にそうなのでしょうか？

上は昭和初期の氷川神社拝殿と本殿。
これ以前は祭神ごとに小規模な社殿が祀られていた。下は現在の拝殿。

これほどに古い由緒があり、皇室からも重要視されていて、むしろ「何もない」ことこそが不可思議というものではないでしょうか。私は、だからこそ、氷川神社に着目しました。

氷川神社は、実質的にはスサノヲを祭神として祀る神社では最大規模です。

鎮座の全国での内訳は別掲表の通りですが、全二八九社のうち実に八十六パーセントの二五一社が旧・武蔵国である埼玉&東京に集中しています。

この事実は何を示しているのでしょう?

〝全国区〟の神社といえば、なんといっても稲荷神社や八幡神社がお馴染みですが、いずれも各地にまんべんなく散在しています。

ところが氷川神社はこの通りほんの一部に偏っているのです。

つまりそれは、氷川神社が〝全国区〟ではなく、関東、さらには武蔵国という〝地方区〟の神社であることを示しているということです。

それでは、祭神のスサノヲが〝地方区〟の神ということなのでしょうか。

実は、スサノヲを祭神とする神社は八坂神社ばかりでなく他にも少なからずあります。

八坂神社系の牛頭天王を祀るものが多くを占めますが、それでも須賀神社(五〇〇社以上)や須佐之男神社(一五〇社以上)などスサノヲ神を祀っているものもあります。

しかし、同じスサノヲを祀りながらも、必ずしも性格は同一ではありません。

これはスサノヲ神が複数の神格を融合した複合神であることを示すものです。

もともとスサノヲ神話は、前半と後半でまったく別の性格であるとは誰もが認めるところです。高天原で暴れ放題で、ついには力を封じられて地上へ追放されるという〝大罪人〟としての前半。

人々を悩ませていたヤマタノオロチを退治して、国土の繁栄をもたらす〝英雄〟としての後半。

いかがですか？　まるで違うでしょう？

これを「改心した」ととらえる説もあります。

私はその説は採りませんが、いずれにしても〝単一の神格〟とはなりにくいものであることは間違いありません。そしてそれは、祭神として信仰しづらいことを意味します。

スサノヲとオオクニヌシに関わる神話を「出雲神話」と呼びますが、実は出雲神話は『日本書

県名	鎮座数
北海道	2
福島県	6
茨城県	2
栃木県	2
埼玉県	182
東京都	69
千葉県	1
神奈川県	3
新潟県	1
福井県	14
滋賀県	1
和歌山県	1
島根県	2
山口県	1
長崎県	1
鹿児島県	1
合計数	289

氷川神社の全国鎮座数

旧・武蔵国である東京・埼玉だけで251社。

紀』にはほとんど出てきません。

しかし『古事記』は、むしろ「出雲神話が中心になっている」ほどなのです（『古事記』は出雲のために書かれたと私はとらえています）。

ここではこれ以上「記紀論」には踏み込みませんが、出雲神話（スサノヲ神話）がメジャー系の話ではなく、マイナー系の話なのだと認識してください。しかも、正反対とも言えるような要素が併存しているのだと。

これこそが、氷川神社が偏っている理由の一つなのです。話がしやすいように、スサノヲを祭神とする神社を仮に「スサノヲ神社」と総称することにしましょう。

実は他の「スサノヲ神社」にも偏りがあります。

須賀神社は**福岡県**に集中しています。

須佐之男神社は**愛知県**に集中しています。

それぞれが、スサノヲのどの性格、あるいはどの神話を信仰しているからそうなったのか、興味深いものがあります。

しかしその研究は大がかりなものになると思われますので、ここには一つの「仮説」だけを提示しておきます。

スサノヲ神は、ある偉大な王の神格化であるとともに、その子・王子たちの神格化をも合体したものと私は考えています。

父王は武蔵（埼玉・東京）に拠点を構え、王子たちは、筑紫（福岡県）や尾張（愛知県）の統治者となったのではないかと。

スサノヲの神格が複雑なのは、これらの複合だからなのではないでしょうか。

冬至の日の出を望む〝肥沃の地〟

さて、話を氷川神社に戻します。

先の図で、富士山と筑波山を結んだ直線と、浅間山と冬至の日の出を結んだ直線の交差するポイントに氷川神社は位置すると示しました。

実はこれにさらに加えることがあります。

氷川神社から冬至の日の出に向かう直線上（見沼）には順に中山神社（旧・中氷川神社）、氷川女体神社が並んでいるのです。

つまり、氷川神社の位置ばかりでなく、冬至日の出ラインを正確に示す証拠がここにもあるということです。

▼**中山神社**　〈別名〉中氷川神社・氷王子社・簸王子社　埼玉県さいたま市見沼区中川
【主祭神】大己貴命
▼**氷川女体神社**　埼玉県さいたま市緑区宮本

【主祭神】奇稲田姫命

中山神社と氷川女体神社は、氷川神社本宮とともに三社で一つの氷川神社であったという説もあります。

かつては大宮氷川神社（主祭神が夫のスサノヲ）、氷川女体神社（主祭神が妻のクシナダ）とあわせ、その中間点に位置する中山神社（息子のオオナムチ）の三氷川社をまとめて氷川大明神としていたという伝承もあります。

こういった例は他にもないわけではありません。信濃国一宮・諏訪大社は、上社と下社の四宮の総称ですし、先に紹介した賀茂神社も上賀茂社と下鴨社の総称です。

かつて氷川三社の実態がどうであったかは判然しませんが、それぞれの鎮座地に重要な意味があり、しかも明確な〝意志〟が働いていたであろうことは容易に判断できます。

氷川神社本宮から見ると、冬至の日には、東南東の氷川女体神社から朝日が昇るという構造になっています。

そして朝日は、女体社、中氷川、本宮と順に照らし出すのです。

稲作で最も重要な暦の基点を、正確に認識するための意図的な配置になっているのです。

ちなみに、氷川女体神社は、『延喜式神名帳』に記載されている「多氣比賣神社」の論社（該

中山神社（旧・中氷川神社）

氷川女体神社

当候補の神社）です。

「多気比売」は正史には見えない神の名です。

埼玉《さいたま》の地方神という説もありますが、「タケヒメ」とは「竹姫」であり、「かぐや姫」のモデルだともいわれています。


この氷川女体神社は、かつては広大な沼地である見沼を見渡す丘でした。

現在では見沼は埋め立てられてしまって、社殿の建つ丘だけが、広大な平地の中に突き出ている格好です。周囲には他に丘はありません。

こういった地形は得てして〝人工的〟なものです。

つまりこの社殿地は〝古墳〟ではないかと私には思われます。つまり、社殿は墳丘の頂に建てられたもの、ということです。古い神社にはこの形式は少なからず見られます。

氷川女体神社は「多気比売」なる人物を埋葬した墳墓であって、その人物は伝承にあるように「氷川神の妃」であるのかもしれません。

それでは氷川神の墳墓はどこに所在するのでしょう？

女体社の墳丘もかなりの規模ですので、氷川神の墳墓となればこれよりさらに大規模なものであろうことは間違いないでしょう。


関東を最初に開発したのは誰か？

氷川神として祀られた人物が、かなり早い時期に武蔵一帯の統治者であったことは理解していただけたと思います。

ということは、家康や道灌よりも、さらには将門よりもはるか昔に関東に着目したということですね。

道灌・家康は千代田を、それ以前に将門は府中をみずからの居城として見出しました。

しかしさらにはるか昔に、見沼の畔・大宮を見出した人物がいたのです。

それ以前には関東に統一的な政体は見出せないので、彼こそは最初に関東一円を統括した人物であると言えるでしょう。

彼は、見沼に居城・王宮を構え、関東一円を統括し、死しては氷川神社に神として祀られたと思われます。

そしてその後、長く広く崇敬されたのです。

しかしその〝国〟はヤマト政権に譲られ、見沼は埋め立てられることとなります。

見沼の干拓を徹底的におこなったのは徳川です。さながら〝風水断ち〟であるかのように！

これによって、〝国〟は、ほぼ消滅しました。

最終的には、明治天皇によって「権威の回復」がなされていますが、その姿は深い闇に消えて、忘れ去られていったのです。

――はたしてそれは、何者か？

氷川神社の位置を見るとわかることですが、彼は「天文地理風水」にきわめて詳しく、しかもそれは付け焼き刃の知識ではないでしょう。まぎれもなくその道の〝専門家〟です。

氷川神社が建立された時代、さらにはその以前に大宮に宮居を建設し、〝国〟を建て、統治した時代、それは紀元前二〇〇年頃のことになります。

その時代において天文地理や治水の〝専門家〟であることは、特殊な地位にあることを意味します。

前章の「徐福伝説」を思い出してください。徐福は名高い「方士」でした。

秦始皇帝は、徐福の方士としての能力を高く評価したからこそ、資金も資材も人材もあらゆる援助を惜しまず与えて、東海へと送り出したのです。

「大宮」とは「王宮」か

地名の「大宮」とは、言うまでもなく「大いなる宮居」という意味です。

そして通例、「宮居」といえば、「皇居」を意味します。

つまり、「天皇の宮殿」のことですね。

氷川神社がこの地に鎮座したのは、伝承によれば今から二〇〇〇年以上も前の時代。

祭神のスサノヲが王として君臨していたのは、当然ながらその前ということになります。

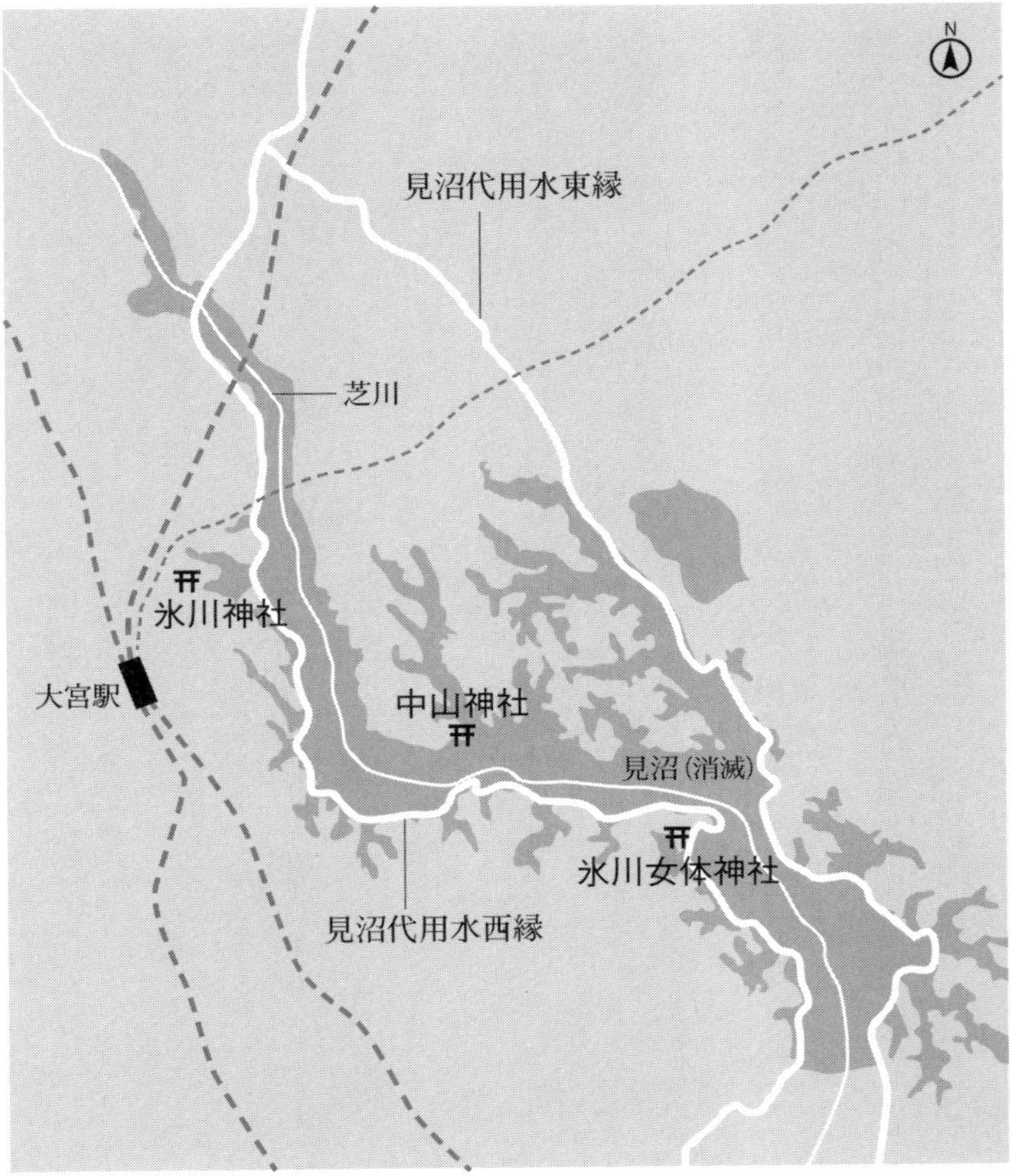

七里総合公園案内図の「見沼たんぼ」全景

古代において天皇という呼び方はまだ生まれていません。第四十代・天武天皇から使われ始めたとされています（第三十三代・推古天皇からという説もあります）。

それ以前は主に「おおきみ（大王）」という呼び方でした。

他にも「すめろぎ（須売漏岐）」や「すめらみこと（須明楽美御徳）」などの呼称もありましたが、「統治する」の古語である「統べる」の変化形がほとんどです。

そのなかで唯一「大いなる君（主）」の変化である「おおきみ」が、やはり原点であろうと思われます。

これに「大王」という漢字を充てるのは当然ながら後付けであって、もともとはその〝音〟だけが通用していたものです。

そして、「おおきみ」の居る場所が「おおみや」となるわけですね。

では「おおきみ」は、当初いずこに住まいしていたかというと、九州地方のいずれかでしょう。

そしてその後、勢力が増したことから近畿地方へ移りますが、それでも関東地方はまだ「おおきみ」の施政権下にはなく、「蝦夷《えぞ／えみし》」「東夷《あずまえびす》」などと呼ばれていました。

さて、それでは、当時の「大宮」はどのような状態にあったのでしょう。

「宮」というのは、普通の人の住まいのことではありません。

宮殿なのですから、「王位」にある人の住まい兼庁舎ということになります。それはすなわち、

「王宮」のことですね。

二〇〇〇年前のこの地に、「宮居」を構える「王」がいたということなのです。

そしてそれは、後にスサノヲと呼ばれるようになる徐福（徐市）のことではないでしょうか。

王墓はいずこに？

もし、「大宮」こそが徐福宮だったとすれば、徐福は筑波山に埋葬された可能性が高いと私は考えています。

その理由の一つは「地理風水」にあります。

本章冒頭一八四ページの図をもう一度ご覧ください。

富士山と筑波山を結んだ直線上に氷川神社は鎮座しています。

関東では古くから「西の富士、東の筑波」と並び称されるほど際立った景観で、高層建築物のほとんどないその昔には、関東全域から両山を望むことができました。

また、大宮の地にとって祖山である富士山に相対していることで、富士山からの旺気を受けて、子孫を守護する位置となります。もちろん、常陸から房総にかけての龍脈の中心でもあります。

徐福が道教の方士（方術士）であったことは『史記』にも記されていることで明らかですが、そうであるならば、墓陵の選定は最も得意とするところです。

地理風水は、本来は宮都の選定を目的とする技術ですが、実践される機会が稀であるところから援用拡大されて、王墓の選定に活用されるようになり、次第に高位高官の墓陵選定、そしてさらに後世には一般の墓所の選定にまで使われるようになります。

これを「陰宅《いんたく》風水」と呼びます。

生きている人のための邸宅を選定するのが「陽宅風水」で、死者の墓所を選定するのが「陰宅風水」です。

気の優れた土地に埋葬されることによって、祖霊はそこから子孫を見守る、守護する、という思想です。

秦始皇帝の墓陵も同様の思想で設計・建築されたものであることはよく知られていますが、その始皇帝から特別の信任を受けていた方士・徐福であれば、当然ながらみずからの墓所の選定にも同じ手法・技術が用いられたと考えられます。

それは第一章で述べたように、はるか後世に、まさに天海がおこなった「東照宮」という呪術と本質的に同じです。

もしも私がそれをおこなうならば、さらに踏み込んで〝改葬〟まで指示しておくと思います。ちょうど、家康の遺骸を久能山から日光に改葬して総仕上げをおこなったように。

つまり大宮の子孫を守護するためには、一度筑波山に埋葬し、その後富士山に改葬せよと遺命することでしょう。――これで〝氷川風水〟は完成することになるのです。

しかしそこまでおこなわれたかどうかは、わかりません。

▼筑波山神社《つくばさん》　〈通称〉筑波神社　茨城県つくば市筑波
【祭神】伊弉諾尊　伊弉冊尊　加具土命

筑波山神社の祭神はイザナギ、イザナミの夫婦神と、その子・カグツチということになっています。

しかし実は、これは後世のこじつけです。

筑波山は男体山と女体山の二峰が並立していますが、男体山本殿の祭神は元々は筑波男大神《つくばおのおおかみ》です。

また、女体山本殿の祭神は筑波女大神《つくばめのおおかみ》です。

しかしこの神は日本神話に登場しない神ですので、それぞれイザナギ、イザナミのことを指すと後世勝手に解釈されました。

初出は寛政年間、『常陸国二十八社考』で水戸藩の儒学者・青山延彝《のぶつね》が初めて唱えたもので、これに基づいて大正時代の宮司が定めたとされます。

しかし本来の神名である筑波男大神《つくばおのおおかみ》・筑波女大神《つくばめのおおかみ》は、言い換えたくなるのも無理もないかもしれません。

なにしろ筑波という地名に性別が付いただけですから、固有名詞というにはつらいものがあります。性別以外何も言っていないに等しいものです。

しかしそれゆえに、この神名は重要なのです。

富士山奥宮（山頂）に祀られる元々の神は「富士大神」という名であるとすでに紹介しました。「富士」が単純に地名であるとすれば、こちらもまったく同様に、何も言っていないに等しい、意味らしい意味のない名前ということです。しかもこちらには性別もありません。

ところがこれは、最も古い形の神名なのです。

「記・紀」の日本神話に登場する神々の名は、その大半がいずれかの氏族の祖先です。

そのことは「記・紀」の成立が八世紀であることと深く関係しています。

『新撰姓氏録』（八一五年編纂）に各氏族の祖先神が示されていますが、「記・紀」の記載とリンクしていることは言うまでもありません。

姓氏録は「古代氏族名鑑」ですから、ここに氏族名や祖先神名が収載されていない者は、身分の低い者か、それより後世の渡来者ということになります（それ以前の渡来氏族はすべて収載されていますので）。

ただし例外があります。

姓氏録は、あくまでもヤマト朝廷の公式記録です。

したがって、当時の施政権下に組み込まれている〝地域限定〟なのです。

八一五年当時、「ヤマト」という国家はどこからどこまでだったでしょう？

西は九州全域が統治下にあったようですが、東は尾張辺りが限界で、まして関東は「東夷」の国であって〝異国〟であったと言えるでしょう。

だから富士大神も筑波男大神も姓氏録の対象外なのです。

古社（『延喜式』以前から鎮座している神社）に祀られている神には、日本神話に登場しない神が少なからずあります。

その理由はいくつかありますが、大きく三つに分類されます。

一つは、縄文時代からの精霊信仰・自然信仰等に基づく神です。

日本神話の神々の多くは弥生時代に特定の人物を投影した形で誕生したと思われるところから、これらの神々は投影されたであろう人物が存在しない神々、あるいは人物を特定できない神々です。

二つめは、ヤマト政権の統治下にない〝ヤマト国の外の国〟の神々です。

渡来の神はもちろんですが、蝦夷《えぞ》や琉球の神もこれにあたります。

そして三つめは、一と二の相乗です。

富士大神も筑波男大神も、これにあたります。

富士山も筑波山も、ヤマト国が建国されるよりはるか以前から信仰されていたはずですが、ヤマト国に組み込まれたのはだいぶ遅れてからです。

つまり、組み込まれる前に神話が完成してしまったのです。


宮都は、いずこへ？


すでに述べたように、大宮には、古代宮都であったという痕跡はまったく見られません。

古代の遺跡らしい遺跡さえもほとんどないという地域なのです。

大宮から三〇キロメートルほど北の行田市の稲荷山古墳は、鉄剣の「文字」の発見でいまでこそ有名ですが、ごく最近まで誰もそれほど重要な遺跡だとは思っていませんでした。

稲荷山古墳という呼び名も、墳頂に小さなお稲荷さんが祀られていたので付いた通称で、名称として登録されていたようなものではありません。

地元では、「田んぼの中の山」ということで「田山」と呼ばれたり、姿形から「ひょうたん山」などとも呼ばれていて、それくらいありふれた風景として界隈に溶け込んでいたのです。

そのために遺跡として保護されることもなく、一九三七（昭和十二）年には、沼地干拓のための用土として前方部が完全に取り崩されてしまいます。

しかもその跡地は田んぼにされてしまったため、一九六八（昭和四十三）年に学術調査がおこなわれるまで「円墳」だと思われていたようなありさまです。

稲荷山古墳は、古墳の多い埼玉県でも第二の規模の前方後円墳です。

築造されたのは古墳時代後期、五世紀中頃と考えられています。

「記・紀」が編纂されるより二〇〇年近く古い時代です。

埋め立てられてしまっているので堀の規模は判然しませんが、墳丘部の長さだけで一二〇メートルあります。後円部の直径が六十二メートル、復元された前方部の幅が七十四メートル。

そして注目すべきは、古墳の〝向き〟です。

図のように、墳丘の中心軸は真っ直ぐに富士山を向いているのです！

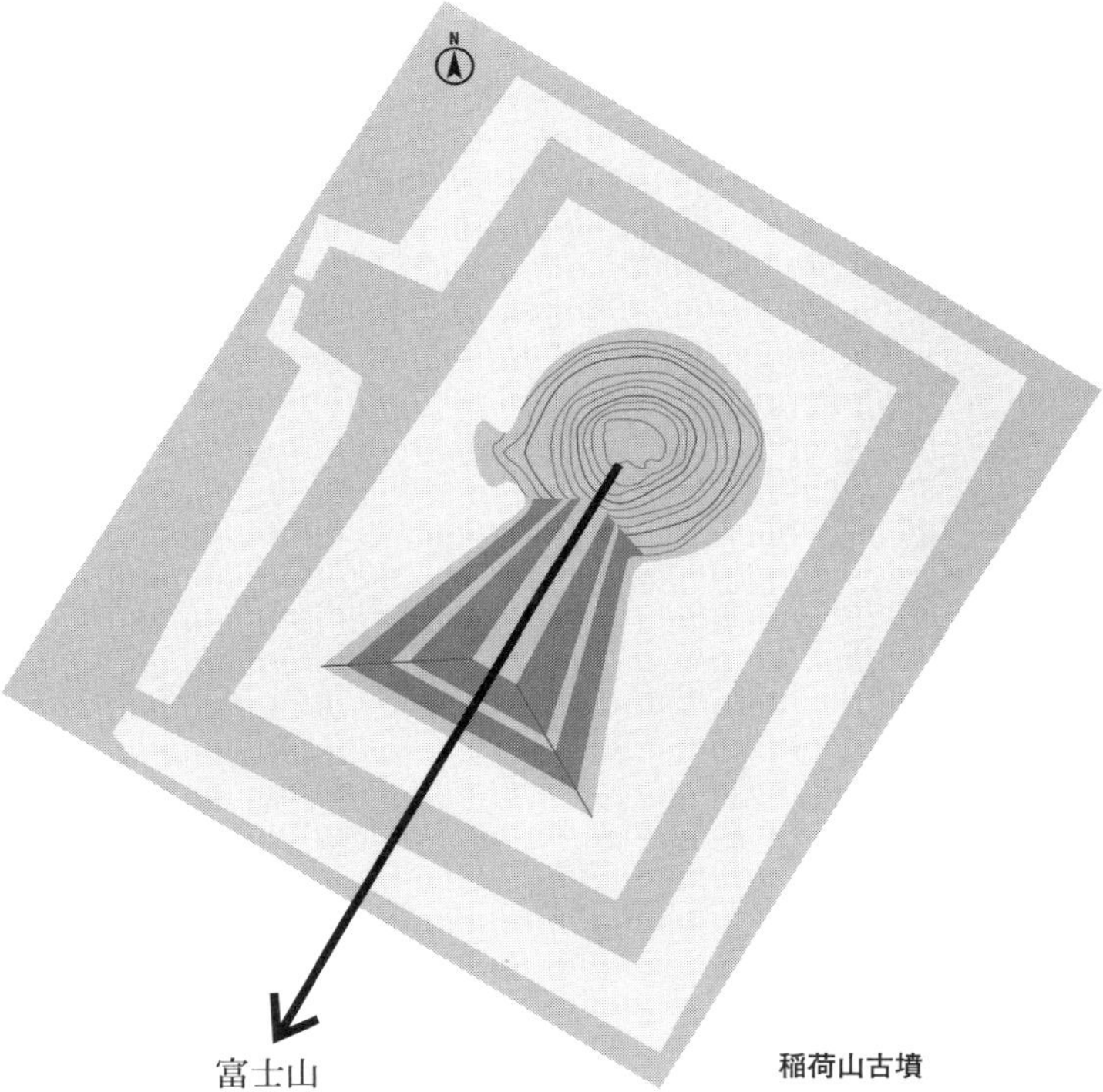

稲荷山古墳

五世紀の関東平野を想像してみてください。

晴れた日には墳頂から、一〇〇キロメートル彼方の富士山を真正面に望むことができるのです。

稲荷山古墳を含む「埼玉《さきたま》古墳群」は、全国的に見ても有数の古墳群です。

稲荷山はもちろんですが、それよりさらに規模の大きな二子山古墳など、前方後円墳八基と大型円墳一基が現存しています。

かつてはその周囲に陪臣のものと考えられる小型の円墳三十五基、方墳一基もあったことがわかっていま

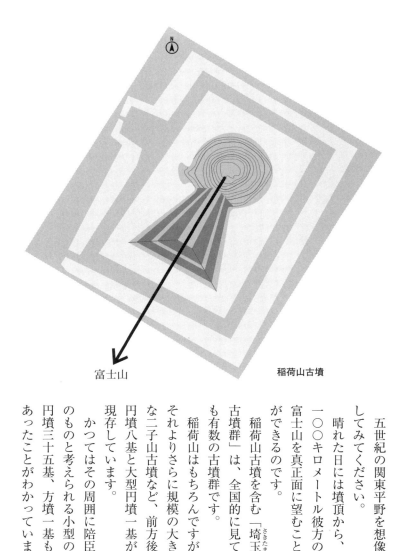

すが、稲荷山の前方部を破壊した昭和の干拓事業で、これらはことごとく取り払われてしまいました。まったくもって取り返しのつかない愚挙であって、なんとも残念なことです。

古墳群の規模から考えて、この周囲のどこかに〝小国家〟ないしは〝地方政権〟が存在したことは確かです。

周知のように、ヤマト朝廷については、大規模な城郭遺跡が発掘されて研究が進んでいます。そしてその周囲には多くの大規模古墳が存在するのも周知のことです。

それならば、埼玉古墳群に埋葬された王族たちの「国」がどこかにあったはずです。

稲荷山古墳の一九六八年の学術調査で金錯銘鉄剣《きんさくめいてつけん》（稲荷山鉄剣）が発掘され、大事件となりますが、このような副葬品は際立った「王族」以外にありえないことです。

しかも、全長一〇〇メートルを超える巨大な前方後円墳がいくつも存在するということは、その政権が何代も続いたことを示しています。

にもかかわらず、その痕跡はこれまでのところまったく発見されておりません。

金錯銘鉄剣《きんさくめいてつけん》には、表面に五十七、裏面に五十八、合わせて一一五文字が刻まれており、そこにはワカタケル大王（雄略天皇）に仕えたヲワケの功績などが記されており、古代史の第一級資料の一つとなっています（一九八三年、国宝に指定）。

これにより、少なくとも稲荷山古墳の被葬者は大王《おおきみ》（天皇）に直属の人物であったことがわかります。

関東圏の支配統治を委任されていたということで、五世紀という時代から考えて、皇子を含む王族か、それに匹敵する力を持った地方豪族であろうと思われます。

それだけの政権があったということは、政庁があり、町があったということです。しかも生半可な規模ではありません。なにしろ、前方後円墳を築造するだけのマン・パワーが前提となるのですから。

はたして、それらはいったいどこにあったのでしょう？

なぜ見当たらないのでしょう？

多くの古墳を潰してしまう土地柄ですから、それらの遺跡や遺構も同じように取り払って田畑にしてしまったのでしょうか。

それとも、関東ローム層の下に眠っているのでしょうか。「ポンペイの遺跡」のように！

これればかりは発掘しない限り、まったくわかりません。

ただわかっているのは、「どこかにあった」ということだけです。

そして、図に示したように、古墳の墳丘部から前方部正面に一〇〇キロメートル彼方の富士山が真正面に望むことができます。

彼らはすでにそれだけの測量技術や土木技術を持っていたのです。

ちなみに、関東ローム層とは、関東平野に積もっている火山灰の総称です。

関東地方の西南縁には富士山・箱根山・愛鷹山などの火山があり、また西北縁には浅間山・榛名山・赤城山・男体山などの火山があります。

これらの火山はたびたび噴火を繰り返していますが、その特に大規模な噴火では大量の火山灰が関東平野に降りそそぎ堆積してきています。

関東平野はそれらの火山灰でできているとさえ言えるほどです。

古来多くの生活遺跡がその下に埋もれています。

なお、関東ローム層という呼称は、一八八一年にダーフィト・ブラウンスが〝成因不明〟のままに命名したものです。

その後、少なからぬ人たちによって研究されていますが、成り立ちは複雑で、また広範囲であり、すでにその上に街が形成されているため、実態の解明にはほど遠い状況です。

しかしこの関東ローム層の下のどこかに、古代都市が埋もれている可能性はきわめて高いのです。真相の発見には、大規模な再開発がおこなわれて、都市遺跡が偶然発見されるまで待たなければならないかもしれませんが――。

前章で紹介した『史記』の一節を思い出してください。

徐福（徐市）一団の消息、最終行です。

「しかし徐福は、**平原広沢**（平坦な原野と広大な湿地）を得て彼の地にとどまり、みずから王となって、戻らなかった」

これこそは、関東平野と見沼のことではないかと私は考えています。

大宮の東側一帯に広がっていた見沼は、古代には、約十三平方キロメートル（一三〇〇ヘクタール）もの面積がありました。諏訪湖とほぼ同じ面積で、関東一の湖沼であったのです。

現在は荒川は大宮の西側を流れていますが、古代には東側を流れていて、その河畔・河川敷として自然に発生した沼沢地です。

荒川の規模が大きく、またこの界隈が平野地であったことで稀に見る広大な湿地帯が出現しました。

しかも原野を耕して水を引かなければならない〝水田開発〟とは異なり、浅い沼地であるゆえに、水稲耕作に適していました。

実際に、そのほぼすべてが江戸時代までに開拓されて水田となり、「見沼田んぼ」と呼ばれて現在に至っています（一部は住宅地になっています）。

見沼は現在ではほぼすべてが埋め立てられて消滅してしまいましたが、その痕跡は広大な水田地帯と公園として整備されて垣間見ることはできます。

その公園の中心の丘の上にたたずむのが氷川女体神社です。

機会があればぜひ、境内入り口から眼下に広がる〝見沼〟を遠望してみてください。かつてここから見沼一帯を眺めていた〝古代の王〟がいたのだと思いを馳せながら。

スサノヲが建国し、その子のオオクニヌシが「譲り渡した国」は、武蔵を中心とする関東の国ではなかったのかと思わせます。

〝王〟の祭祀

発掘調査が無理であるなら、他の方法でアプローチするしかありませんが、その一つとして「王の祭祀」はきわめて重要な視点です。

ちまたに数多《あまた》流布している古代史研究の大半は、実は「祭祀」についての知識見識がほとんどないままにおこなわれているものです。

これは片手落ちどころか、最も肝心な部分がすっぽり抜け落ちているのです。これでは研究にも論考にもなりません。

中世や近世であってさえ「祭祀」は政治と密接であって、これを除外して語るわけにはいきませんが、とりわけ古代においては祭祀と政治は一体のものです。それは支那（China）も日本も同様です。

とりわけ「王位（皇位）」の立位や継承においては、祭祀を除外して論じることはまったく無意味です。

天皇に即位するには「**大嘗祭**《だいじょうさい》」という一世一度の祭祀が不可欠です。

同様に、支那（China）では**皇帝**に即位するには「**封禅**《ほうぜん》」という一世一度の祭祀がおこなわれたのです。

また、天皇に即位してよりは、毎年「**新嘗祭**《にいなめさい》」がおこなわれます。

同様に、支那（China）では皇帝に即位してよりは毎年「**郊祠**《こうし》」がおこなわれます。

そしてこれらの最重要祭祀は、一定の法則に基づいて決められた場所でおこなわれています。

したがって〝祭祀遺跡〟を探索することで、政体そのものにアプローチすることも可能です。


もし徐福が大宮に王宮を構えていたとすれば、支那（China）流の即位祭祀である封禅と郊祠をおこなっていたと考えられます。

そして、それをおこなうには定められた法則があるため、手掛かりが見出せるかもしれません。

秦始皇帝や天皇の事例を見てみましょう。


天皇即位にあたって、必要な手続きは第四十代・天武天皇によって定められたものです。

すなわち践祚《せんそ》大嘗祭《だいじょうさい》をおこない、三種の神器を継承することで正しく天皇となります。

これは現在まで継承されている最重要の祭儀です。

ところが第五十代・桓武天皇は、これをそのままおこなうだけではなく、わが国では史上初めてとなる祭祀をもおこないました。それが「郊祀《こうし》」です。

郊祀とは、秦始皇帝に始まる最上位の皇帝祭祀で、文字通り都の郊外でおこなうもので、いわば封禅《ほうぜん》の例祭版です。

封禅は皇帝（始皇帝が「天子《てんし》」に代わる尊号として創始）となるための一世一度の祭祀ですが、これは道教の神山（祖山）である泰山《たいざん》まではるばる出向き、山頂及び山麓において皇帝一人でおこなうものをいいます。

「封《ほう》」は、泰山山頂に壇を造り天を祀り、「禅《ぜん》」は泰山の麓で地を祀るもので、合わせて「封禅」と称します。これによって「天命」を受けて「天子」となるものです。

郊祀はこれを受け継ぎ、都の南の郊外に天を祀り（天壇《てんだん》）、北の郊外に地を祀り（社稷《しゃしょく》）、宗廟に祖先を祀る（宗廟《そうびょう》）こととしたものです。

天壇は冬至の日に祀り、地壇は夏至の日に祀りました。

詳細を記した記録がないためそれぞれの次第は不明ですが、とくに南郊祭祀が尊ばれ、後にはこれを指して郊祀というようになったとされます。

あるいは、北郊は臣下を代理に立てておこない、南郊のみを皇帝自ら親祀したともされます。

北京に残る天壇は明・清時代に実際に使われたもので、郊祀を公開の場でおこない、天子として君臨する根拠を広く示すことを一つの目的ともしていました。

わが国では、天壇に**天神**を祀り、地壇に**地祇**を祀り、宗廟に**皇祖**・**祖神**を祀りました。

ちなみに郊祀は、桓武天皇が二度おこない、文徳天皇が一度おこなっています。

他に公式の記録はありません。おそらく、大嘗祭・新嘗祭に収斂されていったものと思われます。

なお、桓武天皇が郊祀をおこなった場所には注目しておく必要があるでしょう。

北河内の交野《かたの》です（現在の大阪府交野市）。平安京の南南西の方角にあたります。

桓武天皇は「郊祀」のために二回行幸しています。

延暦四年十一月、延暦六年十一月、ともに**冬至**の日です。


さてそれでは、徐福は封禅と郊祠をどこでおこなったのでしょう?

これまで地理風水で見てきたように、大宮の祖山は富士山です。

したがって、封禅をおこなうなら富士山を措いて他にありません。

その山頂で天を祀り（封）、麓で地を祀った（禅）と考えられます。

それが**奥宮**と**山宮**の発祥でしょう。

そして**郊祠**は、大宮の南南東郊外の見沼を見下ろす丘の上でおこなわれたのではないでしょうか。

ここは冬至の日の出を正面に望む場所です。

それが現在の氷川女体神社の発祥です。かつてはここに**天壇**が設けられていたのだと私は考えます。

富士山山頂で封禅をおこなったことで、徐福は自信を持ったのではないでしょうか。

秦始皇帝が封禅をおこなったのは泰山ですが、霊山として富士山のほうが格上であるとの判断があったかもしれません。——「始皇帝は泰山でおこなったが、私は蓬萊山でおこなった」と!

「フジ」と名付けたのは誰か？

「まえがき」でも触れたように「フジ・サン」はヤマト言葉ではありません。漢語であり漢音です。

ということは、縄文人が古来「アサマヤマ」と呼んでいた山を、何者かが「フジサン（ヤマ）」と呼び替えたことになります。

「フジ」が漢語であるならば、これを名付けた者は漢族でしょうか。

そしてそれが広く人口に膾炙《かいしや》して定着したのでしょう。時期的には七〜八世紀頃のことになります。

もし富士山をヤマト訓みするのであれば「富めるもののふのやま」ということになるでしょう。

しかし「富士」は好字令によって選ばれた吉字ですから、「フジ」という発音がすでにあったということで、それがたとえ不二、不死、不尽などの表記であろうとも、いずれも漢語であって、「フジ」という発音を基盤にした当て字です。

とすれば、古くは別の呼び名があって、ある時期に「フジ」という呼び名が与えられたことになります。

もしかすると「フジ」の名付け親は徐福かもしれませんね。とすれば、当初の「フジ」は「不死」の字でしょう。

方士である徐福が、不老不死の霊薬を目指してやってきた蓬萊山。

それが「アサマ」山と呼ばれていたのであれば、「不老」か「不死」に変えたいところです。

「アサマ」から「フジ」への転換はこうしておこなわれたのやもしれません。


ところで「フジ」が漢語でない可能性はないのでしょうか？

たとえば「藤の花」の「フヂ」は、どうか。植物の「藤」は、日本固有種です。

そう、実は花の「藤」は「フジ」ではなく「フヂ」が正しいのです。

濁点を外してみるとよくわかりますが、「フシ」と「フチ」ではまったく別の言葉です。

ということで、どうやらこの説は成り立たないようです。

アイヌ語で「火の神」を意味する「Hu-chi」を語源とする説もありますが、したがってこれも除外でしょう。

ということで、「フジ」はやはりヤマト言葉ではないようです。

スサノヲの佩刀は、いずこ？

スサノヲ神話に話を戻します。

スサノヲが建国の英雄となったのはヤマタノオロチ退治がきっかけでした。

退治したオロチから奪った草薙剣をアマテラスに献上して、忠実な「臣下」であることを示します。『古事記』に描かれたスサノヲ神話のこのくだりが何を意味するのか、古代史好きの人には絶好のクライマックスです。

　このエピソードについてはこれまで様々な解釈がおこなわれていますが、オロチは悪逆非道をおこなっていた蛮族の王で、スサノヲは人々を解放した英雄である、という解釈がマジョリティでしょうか。

　オロチは何らかの「比喩」としてとらえつつ、ここに登場する「二振りの剣」については昔から多くの人によって〝捜索〟がおこなわれています。私も拙著『三種の神器』で〝捜索〟に参加いたしました。

　その「二振りの剣」とは、これです。

一、ヤマタノオロチの体内からスサノヲが取り出した「天 叢雲 剣《あめのむらくものつるぎ》（後の草薙剣《くさなぎのつるぎ》）」
二、ヤマタノオロチを退治したスサノヲの佩刀である「十握剣《とつかのつるぎ》（別名あり）」

　一の「天叢雲剣（後の草薙剣）」については「神器」となっておりますので消息は明快であるかのようですが、そう簡単ではありません。

　スサノヲからアマテラスに献上され、アマテラスからニニギに授けられて、天孫降臨に携えられました。

　以後は宮中において代々祀られますが、第十代・崇神天皇の時に、八咫鏡《やたのかがみ》とともに外に祀ることとなったものです。

ところがその後、紆余曲折のドラマが！――本書のテーマには直接関わりはないためこれ以上触れませんが、興味のあるかたは拙著『三種の神器』をご覧ください。

本書に深く関わっているのは二の「十握剣」です。


かぐや姫は月へ還る際に、「月からの土産物として」不老不死の妙薬を置いていきました。富士山頂で燃やされることになるあれです。

一方、徐福は不老不死の妙薬を求めてはるか東海の島へやってきました。遠く支那（China）は江南にまで伝わっている噂の山こそが蓬莱山だと考えてのことです。

かぐや姫は不老不死の薬を残して月世界へ帰還しましたが、徐福が死してこの世に残したものは何だったのでしょう？

スサノヲ神話では、スサノヲは「剣」を残しています。

ところが、みずからの佩刀である「十握剣」は『古事記』には消息が書かれておりません。

しかし『日本書紀』には、「十握剣は石上神宮に納められた」と記されています。

▼**石上神宮**《いそのかみじんぐう》　奈良県天理市布留町
【祭神】布都御魂大神《ふつのみたまのおおかみ》（配祀）布留御魂大神《ふるのみたまのおおかみ》　布都斯魂大神《ふつしみたまのおおかみ》　宇麻志麻治命　五十瓊敷命《いにしきのみこと》
白河天皇　石川臣命《いしかわのおみのみこと》

筆頭の主祭神である「布都御魂大神《ふつのみたまのおおかみ》」がそれであるとされています。

布都御魂《ふつのみたま》とは、神剣＝韴霊剣《ふつのみたまのつるぎ》のことであって、祭神名を布都御魂大神《フツノミタマノオオカミ》と称し、御神体を韴霊剣《ふつのみたまのつるぎ》と称します。


ということは、韴霊剣がスサノヲの佩刀なのでしょうか？


明治七（一八七四）年、当時の大宮司であった菅政友《かんまさとも》によって、本殿背後の神体山・布留山《ふるやま》の麓の禁足地に埋納されていた剣が掘り出されました。

これを韴霊剣《ふつのみたまのつるぎ》であるとして、本殿に御神体として奉安されました。

しかしこれは誤認です。

布留山《ふるやま》に埋納されていたのは、当然ながら布留御魂大神《ふるのみたまのおおかみ》であって、布都御魂大神《ふつのみたまのおおかみ》ではありません。

「ふる（布留）」のみたまは、主祭神ではありませんが、別の尊い神です。

「ふつ（韴・布都）」のみたまは別物です。

そしてそれこそがスサノヲの佩刀・十握剣であり、当社の主祭神であり、御神体であるはずです。

発掘された神剣を奉安するために社殿の改築がおこなわれますが、その際の社殿地の発掘で別の剣が新たに見出され、それもともに奉安されることとなります。――この「剣」は何でしょう？

神宮ではこれを「天羽々斬剣《あめのはばきりのつるぎ》」とし、布都斯魂大神《ふつしみたまのおおかみ》の御神体としています。

しかしこれもおかしい。

こちらこそは主祭神の布都御魂大神《ふつのみたまのおおかみ》であり、韴霊剣でしょう。つまり逆です。

それにしても、なんとわかりにくい区別しにくい祭神名なのでしょう！　わざと混乱させようとしているかのようです。こうなると、特別に関心を持つ人以外は、区別しようとも思わないことでしょう。


そもそも韴霊剣《ふつのみたまのつるぎ》の名称自体が謎なのです。

なにゆえ「韴」という文字が使われているのか。

また「ふつ」とは何か。

いまだに定説はありません。

『先代旧事本紀《せんだいくじほんぎ》』には、布都御魂《ふつのみたま》は経津主神《ふつぬしのかみ》の神魂であると記されています。

経津主神を祭神とする神社は全国に二二〇〇社余鎮座しています。

その大半は春日・香取であって、藤原氏の守護神です。

なお、鹿島神宮には布都御魂剣《ふつのみたまのつるぎ》と称する長大な直刀が伝世されていますが、後世の作です。それでも国宝に指定されるほどの出来映えですので、藤原氏による奉納かもしれません。ここにもなにやら胡散臭い気配が立ちこめています。


ちなみに、七支刀を石上神宮の御神体・御祭神と勘違いしている人が少なくないのですが、これは単なる献上品にすぎないものです。当時、日本へ朝貢していた百済が様々なものを天皇へ献上していましたが、そのうちの一つです。中国製の七支刀に百済が銘文を金象嵌した単なる〝宝飾品〟です。

石上神宮の「祭神」の謎

『日本書紀』において「神宮」の尊称を用いられているのは、**伊勢**と**石上**の二社のみであることからも、石上の社格は際立っています。

最古の神社の一つでもあり、その創建から物部氏が祀る物部氏の総氏神です。

国家・朝廷の祭祀をも司り、古代においては国家祭祀の中核でもありました。

少なくとも、中臣（藤原）氏が台頭するまでは、物部氏と石上神宮こそは政《まつりごと》の中核であったのです。

とすれば、祭神のわかりにくさは〝意図的〟なものであると考えるのが妥当でしょう。

言うまでもないことですが、氏神社《うじがみのやしろ》とは、祖神を祀るものです。

そして、石上神宮の祀り方を見れば一目瞭然、物部氏の氏神・祖神は布都御魂大神《ふつのみたまのおおかみ》です。

であるならば、布都御魂大神は物部氏の祖神・ニギハヤヒのことなのでしょうか？

むろんそうではありません。これがまた〝謎〟とされるところです。

『先代旧事本紀』に明記されているように、布都御魂大神《ふつのみたまのおおかみ》とは、経津主神《ふつぬしのかみ》のことです。建御雷神《たけみかづちのかみ》が国土平定に用いた経津主神の別名ないしは化身です。

すなわち、物部氏とは、経津主神を祖神・氏神とする一族なのです。公称されているニギハヤヒではありません。

そのことは、石上神宮が勅命によって奉斎されたものであることから、朝廷によって公式に認定されているということになります。

物部氏は、ニギハヤヒの子であるウマシマジ（宇麻志摩遅命）が氏祖であると公称しています。

しかしその〝血縁〟にはかねてから疑問があります。

ウマシマジはニギハヤヒの死後に生まれているという伝承もその疑いに加担しています。これは「天神」系への接続を目的とした〝作られた系譜〟でしょう。

ちなみにニギハヤヒとは、『古事記』では邇藝速日命、『日本書紀』では饒速日命と表記する天神です。アマテラスより十種神宝《とくさのかんだから》を授けられ、天の磐船《いわふね》に乗って河内に天降り、その後、大和の〝王〟となります。物部氏らの祖神であり、神武に政権（皇位・王位）を譲ったと「記・紀」に記されています。（＊詳しくは拙著『ニギハヤヒ』河出書房新社、をご覧ください）

神武東征の時に、ウマシマジの伯父・長髄彦《ながすねひこ》の軍は攻め入る神武軍と激突激戦しています。

しかも、神武軍より明らかに強かったと『日本書紀』に書かれています。

神武軍は、河内から上陸しての初戦では、神武の兄・五瀬命《いつせのみこと》が戦死して、退却を余儀なくされています。

これによって神武軍はやむを得ず、大きく紀伊半島を迂回して、熊野から上陸し、ヤマトへ北進する戦術を採ります。今度は八《や》咫烏《たがらす》を案内役に得て、進軍は順調に行き始めます。

しかしここでも、またもや長髄彦軍が立ち塞がります。


このとき劣勢を打開したのが高倉下《たかくらじ》が献上した韴霊剣《ふつのみたまのつるぎ》なのです。

つまり、韴霊剣《ふつのみたまのつるぎ》は神武の建国に多大な貢献をした神剣なのです。


その後、ヤマトを完全に掌握した神武は、韴霊剣を宮中においてウマシマジに祀らせ、さらにその子孫の伊香色雄《いかしこお》は勅命を受けて宮の外の霊地に祀ります。

これが石上神宮の発祥です。

この時、国家第一の神社として位置付けられた石上神宮には、三神が併せ祀られました。

それが先に紹介した布都御魂大神《ふつのみたまのおおかみ》、布留御魂大神《ふるのみたまのおおかみ》、布都斯魂大神《ふつしみたまのおおかみ》です。

そして『延喜式神名帳』には、古き名は石上坐布都御魂《いそのかみにますふつのみたま》神社とあります。

また、「石上」という表記には特別な意味はなく、重要なのは、その訓み方です。

「いそのかみ」とは、「五十神《いそのかみ》」のことでしょう。

あるいは「伊曾神《いそのかみ》」とも。

すなわち五十猛神《いそたけるのかみ》に由来します。ヤマトの初代王・五十猛のことなのです。

祭神の布留御魂大神《ふるのみたまのおおかみ》こそは、それです。

イソタケルとは、スサノヲの子であって、五穀の種子を携えて共に旅をしてきました。物部氏は、その子孫です。

五十猛（イソタケル、イタケル）を表立って祀っているのは紀伊国一宮の伊太祁曾《いたきそ》神社ですが、〝木の国〟にふさわしく「樹木の種子を植えた神」として祀っています。

▼伊太祁曾《いたきそ》神社（紀伊国一宮）　和歌山県和歌山市伊太祈曾

【主祭神】五十猛命

少々話が複雑になってしまいましたが、石上神宮の祭神の真相を整理すると次のようになります。

神名	剣名	神霊
布都御魂大神	韴霊剣	経津主神（スサノヲの和魂）
布都斯魂大神	十握剣（天羽々斬剣）	素戔嗚尊（スサノヲの荒魂）
布留御魂大神	八握剣	五十猛神

石上神宮は、もともと「五十猛」を祀る霊地でした。その理由は、神体山「布留山」、社名「いそのかみ」が示唆しています。

もともと社殿はありません。

山麓の布留高庭には二つの神宝が埋納されているとの伝承に基づき発掘（初回一八七四年）されたのは「**十握剣**」と「**八握剣**」。

『日本書紀』に「**十握剣**は石上神宮に納められた」と記されているのはこの剣です。

そこに、勅命を受けて「**韴霊剣**」を祀ります。

この時、初めて社殿が設けられます。

社殿は、御神体の上に設けられます。そして後に改築の際に発掘されます（第二回一八七八年）。

藤原氏の氏神は何者か？

さて、経津主神が登場した以上、その神と深い関係にある藤原氏について再びふれなければなりません。

奈良の春日大社が藤原氏の氏神であることは広く知られています。

当社は創建以来、藤原氏嫡流の大中臣氏《おおなかとみ》が代々宮司を務めています。

平城京建都とともにその前身である春日神社が創建され、藤原氏の繁栄そのままに「大社」となって〝平城京の守護神〟となります。

▼春日大社　奈良県奈良市春日野町

【主祭神】春日神《かすがのかみ》（武甕槌命《たけみかづちのみこと》、経津主命《ふつぬしのみこと》、天児屋根命《あめのこやねのみこと》、比売神《ひめがみ》）

祭神は「春日神」。武甕槌命、経津主命、天児屋根命、比売神の総称です。

しかし、祭神の上位二神である武甕槌命と経津主命は「藤原氏の守護神」という位置付けであって、「祖神」ではありません。祖神はあくまでも天児屋根命です。

ところが、藤原氏嫡流の中臣氏が鹿島神宮の大宮司家であり、同じく大中臣氏が香取神宮の大宮司家なのです。

▼鹿島神宮（常陸国一宮）　茨城県鹿嶋市宮中
【主祭神】武甕槌大神
▼香取神宮（下総国一宮）　千葉県香取市香取
【主祭神】経津主大神

これはいったいどういうことなのでしょう？

鹿島神・武甕槌大神は、『古事記』では建御雷之男神や建御雷神、『日本書紀』では、武甕槌や武甕雷男神などと表記されますが、いずれにせよ当初から天神として登場しています。とくに「国譲り」では力強さを発揮して大活躍しています。

香取神・経津主神は『日本書紀』に登場し、『古事記』には登場しない神です。

『出雲国風土記』では「布都怒志命」として登場しています。

『書紀』と「風土記」は官撰ですから、その責任者である藤原不比等の意向が反映されていると考えてよいでしょう。つまり、「フツヌシ神」は〝公認〟というわけです（『古事記』が正史ではないとする説がありますが、正しくは「藤原政権の公認ではない」ということでしょう）。

鹿島、香取、春日の祭祀で見えてくるのは、藤原氏がタケミカヅチ神とフツヌシ神をみずからの系譜に共に取り込むのに躍起になっていることです。物部氏がニギハヤヒを取り込もうとしたやり方と同じやり方で。

理由は明らかです。

藤原氏も物部氏も、徐福の血脈に連なる渡来の一族だからです。

鹿島、香取の宮司を一族で占め、春日では露骨に一体化を図っています。

それでも『古事記』に登場しないという事実は、消すことができません。

それならば『古事記』を隠して、みずから編纂する『日本書紀』だけにすれば良いのです（実際に、弘仁年間〔八一〇～八二四年〕まで『古事記』は宮中深く秘されていました）。

スサノヲ神話が、前半と後半で相反する性格であるところから、少なくとも二つ以上の人格を融合したものであるとは、すでに述べました。

したがって、スサノヲは徐福であると単純に言い切ることはできませんが、後半の大きな部分がオーバーラップすることは納得いただいていることと思います。

さらには、これまで述べてきたように、後半の逸話には徐福自身を始め、その息子（複数）の逸話や事績も集合されていると私は考えています。イソタケルはその筆頭です。

さて、いよいよ最後に〝謎の神剣〟韴霊剣《ふつのみたまのつるぎ》の正体に迫ります。

別名、布《ふ》都御魂剣《つのみたまのつるぎ》、佐士布都神《さじふつのかみ》、甕布都神《みかふつのかみ》とも称します。

いずれも「ふつ」が共通です。

「ふつ」は物を断ち切る音を表すという説がありますが、この「ふつ」はそのような曖昧なものではありません。

思い出してください。徐福の本名を。

「徐巿《じょふつ》」といいます。

「巿《ふつ》」という字は「市《いち》」と混同されますが、まったく別の漢字です。

「巿《ふつ》」は「一」と「巾」から成るもので、「市《いち》」は「亠」と「巾」から成る別の字ですので誤解なきように。

そして韴霊剣《ふつのみたまのつるぎ》の「韴」は、「音」へんに「一」と「巾」から成るものです。

「韴」は、音読みで「ソウ」、和訓で「ふつ」ということになっていますが、和訓はすべての和訓がそうであるように当て字です。

つまり、この字を用いて「ふつ」と読ませたかったから用いたもので、漢字そのものにこだわるのは禁物です。

なによりもまず、「ふつ」という語音があったのだと理解すべきでしょう。「帀《ふつ》」「韴《ふつ》」自体が極めて特殊な文字で、どちらも通常用いられる機会はまずありません。読者の皆さんも他で見たことはないと思います。

とくに「韴」は、わが国最大の漢和辞典である『諸橋大漢和』にも「韴霊（剣）」以外に用例がまったくありません。

また、漢字の母国である支那（China）には、すでに漢字のデータベースは失われており、『諸橋大漢和』にはるかに及ばないのが現状ですので、これ以上調べることは不可能なのです。

こんな特殊な文字であるだけに、意図的に用いる以外に使われるはずもなく、偶然の一致など起きようはずもないのです。

もうおわかりですよね。

フツノミタマとは、「徐帀《じよふつ》の御霊《みたま》」のことです。

フツノミタマの剣は、徐福の佩刀か、あるいはそれを模して鍛造されたものか、いずれかでしょう。

徐福の依り代として、一族子々孫々の守護神として祀られているのです。

富士山を祖山とする関東の地に古代国家を建設し、ヤマト朝廷に国譲りをおこなった大王です。

出雲神話は、国譲りした古代の王を慰霊・鎮魂するために書かれた〝呪術書〟なのです。

前半の「荒ぶる神」こそはアサマ神（浅間大神）。

後半の「国土開拓英雄神」は徐福一行の事績・功績の反映でしょう。

アサマ神は最も古い神、縄文の神です。

初めにアサマ神があって、そこに徐福が渡来し、後半の神話が生まれたのでしょう。

スサノヲ神話が前半と後半でまったく相反する性格となっているのはそのためと思われます。

出雲神話は、こうして生まれたのです。


そして物部氏と中臣氏は、その子孫の二大系譜でしょう。

韴霊剣《ふつのみたまのつるぎ》を奪い合う物部と中臣。――それは国家祭祀の主導権争いです。

物部氏は石上を守りきりましたが、それ以外のほぼすべてを藤原（中臣）氏に奪われました。

それ以後の歴史は、この争いがいかに重要なターニング・ポイントであったかを如実に示しています。


なお「藤原」という姓は、中臣鎌足が天智天皇より賜ったものですが、みずから提示して下賜の形を採ったものでしょう。あるいは、天智帝はそれを承知しているからこそ、由来にちなんで「富士原」を与えたけれども、「藤」の字に変えたのかもしれません。

鎌足は氷川の出自、すなわち徐福の末裔であることを隠したりしなかったのですが、その子である不比等はそうではなかった。

彼は皇位に限りなく近づき、その中に溶け込もうとしていたのです。そのためには本当の出自は隠さなければなりませんでした。それが「富士山」が長く秘された理由です。「藤原」が「富士原」由来であると気取られないように。

先述したように、天平九（七三七）年の藤原四兄弟の死によって富士山は解放されますが、藤原氏が名実ともに「富士の呪縛」から解き放たれるのは、延暦二十三（八〇四）年の藤原富士麻呂《ふじわらのふじまろ》の誕生までかかるようです。

あとがき　愛しの富士山

多くの日本人と同様に、私も富士山が大好きです。

歴史的にも、文化的にも様々な意味を体現してきたことは今さら私が指摘するまでもありませんが、それゆえに、日本人にとって富士山が「特別な存在」であるのは誰もが認めるところでしょう。比べるものがないほどに際立って「特別な存在」ですよね。

だから天の邪鬼な人は、「富士山が好きだ」とは言いません。

本当は好きでも、あからさまにそう言うのが恥ずかしいと思わせるところがあります。教養ある人はそういうことを言ってはならないような空気さえあります。

かつての東京タワーに扱いが似ているかもしれませんね（東京の人は決して東京タワーへは行かなかったものですが、スカイツリーが出来たことでちょっと扱いが変わってきました）。

ところで、皆さんはご存じでしょうか？

あきれたことに、富士山山頂まで今は連日のようにブルドーザーが行き来しているのです。誰かがブルドーザー用の「道」を造ってしまったのです。

いったい誰が許可したのか、そもそも許可など出せるのか、あるいは無許可なのか知りませんが、酷いものです。古い表現ではこういうのを「罰《ばち》当たり」と言うのでしょう。

本来の目的は荷物運搬用だそうですが、最近は特別料金を取って〝観光客〟も運んでいるようです。大枚叩《はた》けば、富士山山頂まで一歩も歩かずに行って帰ってくることができるのです。富士山に登りたいなら、歩いて登れ！

むろんこの道は舗装されているわけではありませんから、ブルドーザーが行き来するたびに崩れます。関係者は頻繁に〝工事〟していますが、どんどん富士山が〝変形〟しているのです！なんとも残念の極みですが、破壊された自然はもう元には戻せません。

ブルドーザー専用道は、一般登山道とも七〜八回交差しているようですし、横転事故も何度か起きていて、きわめて危険なのです。次の事故では、一般登山者を巻き込む可能性もあるのです。

それにしても、ここまでないがしろにされたなら、富士山は怒って噴火するかもしれませんね！

しかし江戸期の錦絵には、すでに富士山山頂に隙間なく登山者がうごめく様が描かれています。現代の様相と本質的には一緒です。

富士山という山は、それだけ親しまれて、こういうことになる運命にあるのかもしれません。

混雑する様を描いた錦絵は、この直後に〝安政の大噴火〟が起きたようですが、まあ、それは、きっと偶然でしょう（!?）。

日本では昔から世が乱れた時に起きる自然災害は「天罰」であるとされてきましたが……。

ところで「初夢は一富士二鷹三茄子」という川柳は全国区ですが、もともとは江戸の本郷駒込町（現在の文京区本駒込）の自慢話に発しているそうです（異説もあります）。

この地区は、富士神社で賑わって、鷹匠屋敷があって、茄子が名産であったゆえだそうです。

奇しくも私はこの町内に住んでいて、折々に富士神社にお参りしています。

七月一日の山開きには広い境内が露店で埋め尽くされますが、私のお目当ては神社名物「富士落雁」です。

一年でこの時しか売り出さないもので、懐かしい風味の素朴なお菓子です

六月晦日から七月二日まで三日間売っているはずなのですが、だいたい二日目に売り切れてしまいます。

どうぞ、皆さんも山開きに参詣して富士落雁を味わってみてください。

——などと雑談している場合ではないのです、ほんとうは。

本書を書き始める前に「内容構成案」つまり「設計図」を作成したのですが、盛り沢山にすぎたのか、富士山という対象が大きすぎたのか、結局構想の半分ほどしか収録できなかったのはちょっと残念でした。

前半を書き終えたところで、すでに一冊分になってしまったため、後半をかなり端折り、また前半も大幅にカットせざるを得ませんでした。

かざひの文庫・磐崎さんには当初の「構成案」でお約束しておきながら、書ききれなかったのはそんな次第です。機会があれば——というか、読者の方々のご要望があれば、いずれ「続編」に挑みたいと思っています。

平成二十六年元旦　二礼二拍手一礼

戸矢　学

＊増補――

太極の章 蓬萊山、遥かなり

幻の神仙郷

あらためてもう一度指摘しますが、富士山は「日本一の神奈備《かんなび》（信仰の山）」です。これは、異論を俟たない、周知の事実ですね。

日本列島は北から南まで、急峻な山々がひたすら連なる風土です。

地理地学的には「海中に突き出した山頂部」といえるほどの様相なのです。

大陸プレートの褶曲によって盛り上がった山もあれば、海底火山が噴火して盛り上がった山もありますが、山また山と重なり合うことで成り立っている島国です。

そのような風土ですから、古来この地に暮らす人々にとって「山」はあって当たり前の風景ですが、その中に際立った山容の峰があれば、それこそはまさに特別であって、神聖でもあり脅威でもあったことでしょう。

噴煙を上げていれば、なおさらです。

縄文の昔から（もっと昔からかもしれませんが）、「山」は信仰の対象なのです。祭りの時は、神は山から下りてくるし、それが終わればまた山に帰ります。そういった信仰心（畏怖や感謝）の表れは「講社」や「修験」などにも引き継がれて、全国各地の名だたる山が連綿と崇敬され続けて来ました。

とりわけ「日本三大霊山」といえば、富士山、白山、立山が知られていますが、その中でもさらに富士山は特別です。


神奈備信仰（山岳信仰）というのは、基本的にその山容を望むことができる（少なくとも山頂を見ることができる）地域《エリア》に発生定着するものです。

とすれば、日本一の高峰である富士山の信仰圏が最も広いのは当然でしょう。

すでに紹介したように、伊勢の二見ヶ浦からも富士山は肉眼で見えるのです。

ということはきっと、伊勢は元々は富士山信仰だったのかもしれませんね。

なにしろ伊勢神宮が創建されるより一万年以上も昔からこの光景は親しまれていたはずですから。神宮を見おろす朝熊山が、「あさまやま」と呼ばれたのは、それが富士山の古名であることから考えてもそれなりに古い由緒がありそうです。しかも、その由緒はおそらく伊勢神宮の創建より遥かに古いものでしょう。

秀麗な富士山の評判は古来全国に鳴り響いていて、富士山がまったく見えない地域にまで富士信仰が発生するほどです。

その証左として、北は青森・山形から、西は長崎・大分まで、富士神社が創建されました（現在も変わらず信仰されています）。

そしてその評判は、どうやら海を越えて半島はもちろんのこと、大陸にまで広く深く伝わっていたようです。その手掛かりは「神仙思想」に見ることができます。

紀元前三世紀の周王朝・戦国時代の頃に発生したとされる「神仙思想」は、その後の歴代皇帝にも大きな影響を与えています。

とりわけ、海の彼方の理想郷については、いくつかの「説」が唱えられ、信じられていました。

司馬遷の『史記』（紀元前九十九年頃成立）に、神仙説が紹介されています。

それによりますと、中国大陸の東の海の彼方、つまり「東海」の彼方に「三神山」があるとしています。

三神山とは、蓬萊《ほうらい》・瀛州《えいしゅう》・方丈《ほうじょう》（方壺《ほうこ》）と呼ばれています。

いずれも壺の形をしているので「三壺山」ともいわれています（火口の大きな火山を思わせますね）。

そこには不老不死の薬があり、仙人が住んでいる。

当時の富士山は活火山ですから、山頂の火口からは常に噴煙が立ち上っていたことでしょう。

『竹取物語』の最後のシーンでは、かぐや姫の代わりとして受け取った不老不死の妙薬を富士の山頂で燃やし、その煙がいつまでも立ち上っていたと書かれています。

この描写は単なる空想ではなく、古い伝承や憧憬などが日本風に昇華されたものでしょう。

『史記』の「封禅書《ほうぜん》」や『列子』の「湯問篇《とうもん》」等には、三神山は壮麗な御殿のある仙郷として記されています。

山内の鳥獣はすべて純白であって、仙人の住まう宮殿は黄金でつくられている。

三神山は遠くからは雲の塊のように見え、近づいて見れば海中にあるのに、俗人は風にさえぎられて近づくことはできないという（アニメーション映画『天空の城ラピュタ』の発想源はこのあたりかもしれませんね！　映画では『ガリバー旅行記』といっていますが、そもそもガリバー物語そのものが神仙思想の影響を大いに受けているはずです）。

大陸の東海岸では、ごくまれに「蜃気楼《しんきろう》」を見ることができます（現在でも見ることができます）。水平線に上下逆さに浮かび上がる街や山の姿です。

実体は、日本の九州・沖縄のどこかでしょう。蜃気楼とはそういうものです。

そこで、その蜃気楼に触発された幻想が、東海の三神山という神仙郷になったのではないかという説もあります。

そしてその三神山の中でも、第一とされたのが蓬萊山なのです。

西に地上（人間）の崑崙山、東に異界（仙人）の蓬萊山という位置付けです。

人間として頂点をきわめる者は崑崙山において封禅《ほうぜん》をおこなって皇帝となり、不老不死の仙人となる者も蓬莱山において封禅をおこなうというものです。

だから地上において天子となった者は、最後に蓬莱山をめざしたのです。

しかしもちろん、蓬莱山で封禅した者は皆無です。

それでも、もしそれが叶うなら、その者は「真人（しんじん・まひと）」と呼ばれると、道教や荘子で唱えています。

ちなみに、わが国でとくに神仙思想に精通していたとされる天武天皇は、和風諡号《しごう》を天渟中原《あめのぬなはら》瀛真人天皇《おきのまひとすめらみこと》というものです。

つまり「瀛州の真人」なのです！　なんと象徴的な諡号でしょう。

不可蝕領域

富士山の信仰拠点は、他の神奈備と同様に山麓を中心に発現しています。

現在、浅間《せんげん》神社や富士神社が鎮座している場所が、おおむねそれに当たります。

といっても、北側にも南側にも浅間神社はいくつもあります。

それらの中でも第一は富士宮市の富士山本宮浅間大社《ふじさんほんぐうせんげん》と、その元宮《もとみや》である山宮《やまみや》です。富士山山頂には本宮《ほんぐう》の奥宮《おくみや》があり、富士山の八合目より上は本宮の境内地となっています。

この富士宮市には、現代においてもなお多くの宗教団体が本部を置いていることは本文で紹介した通りです。

しかし、富士宮市を一度でも訪れてみれば即座にわかることなのですが、そこは決して大きな都市ではありません。

古来、多くの人がこの地を経由して富士山登拝をおこなってきたにもかかわらず、社会的にも経済的にも特別発展することはなく、どこまでも〝信仰の町〟でした。信仰の拠点、神奈備の街、門前町とはそういうものなのです。

つまりここも、出雲と同じように聖地ではあるけれども、俗地ではないのです。

出雲には「国譲り神話」がともないます、それによって譲られた国は出雲ではありません。ことは別に栄える〝国〟があったのです。国譲りで「譲った国」、とはそこのことなのです。

現在私たちが認識している出雲という地域がヤマト朝廷に譲られた国のことだと大方の人は思い込んでいると思いますが、それは違います。出雲は祭祀の場所であって、経済活動をおこなっていた国は他にあるのです。（＊詳細は拙著『オオクニヌシ　出雲に封じられた神』河出書房新社、をご参照ください）

ようやく到達した〝蓬莱山〟山麓の富士宮も同様に、ここには「繁栄した国家」の痕跡はなく、かつても今後もそういう場所になるような土地ではないのです。

出雲がそうであったように、富士宮で祭祀をおこなっていた〝国〟の実体は、富士宮ではなく別の場所にあったはずです。

さて、それではその〝国〟とはどこなのでしょう。

富士山を信仰の中核とする〝国〟は、富士山が日本一の神奈備であるならば、それにふさわしい大国でなければならないはずです。当然ながら経済的にも大いに繁栄していたはずです。――そして、そこには君臨する〝王〟がいたはずです。

古代の王、とくに建国の王は、宗教と軍事と経済のすべてを総合的に統括する能力が抜きん出ていなければ務まらないのはいうまでもありません。

たとえば秦の始皇帝がそうであったように、一代の英雄と呼ぶにふさわしい能力を備えているものです。

日本の古代――就中《なかんずく》、関東の古代にも、そのような人物がいたはずです。古代においても関東はただの荒野ではないのです。

ところがその辺りについての〝公式記録〟は見当たりません。なにしろその時代の関東は（それ以前も）、記録そのものがない〝空白の時代〟なのですから。

しかし、ここに多くの人が暮らし、なんらかの経済活動がおこなわれていた「大きな国」が存在していたことは確かなのです。

もともと関東地方には縄文時代の早い時期から多くの人々が暮らしていたことは、関東各地に無数に残る「貝塚」によって明らかです。

縄文時代の貝塚は、日本列島全体で約二五〇〇ヶ所発見されていますが、その四分の一は東京湾岸一帯に集中しているのです。

そして彼らの子孫も代々この地に暮らしていたであろうことは間違いないでしょう。

弥生時代に入ると、突然のように巨大古墳が関東各地に築造されるようになりますが、日本屈指の規模であるさきたま古墳群は特に有名です。

その中の一つである稲荷山古墳から出土した「鉄剣」は、一一五文字に及ぶ金象嵌の銘文が発見されたことで歴史的大ニュースになりました。

これだけの遺跡が集中しているのですから、ここに〝大きな国〟があったことは明らかです。

ところが、どんな国があったのか、誰が王だったのか、実はまったくわからないのです。


どんな国があったか、誰が王だったかがわからないのであれば、そこになぜ〝大きな国〟が建国されたのか、また維持され、かつ繁栄したのか、その理由がわかれば少なくとも国家と王の存在の〝逆証明〟にはなるでしょう。

方士が能《よ》くした方術（風水術の原型・天文地理）とは、本来「都」を定める技術です。

都にふさわしい土地を探し出し、長く栄える都を設計・建設する技術です。

すなわち、もし富士山を蓬萊山であるとするならば、方術の技法によって都の位置は自動的に定まることになるはずです。

蓬萊山を目指してここに到達した人物は、当然ながら富士山のエネルギーに守られる龍穴の地に国の中心を据えるはずです。

そしてその地こそは『史記』に記録されている通りの、「平原広沢の地」――つまり、平野と湿地であるはずなのです。

そこにはかつて〝王宮〟が置かれ、後には初代の〝王〟であった者が子々孫々の守護神として祀られているはずなのです。

関東に古代都市があったならば、その遺跡は、関東ローム層の下に眠っているのかもしれません。かの「ポンペイの遺跡」のように。

しかしこればかりは発掘しない限り、まったくわからないことです。

ちなみに、関東ローム層とは、関東平野に積もっている火山灰の総称です。関東地方の西南縁には富士山・箱根山・愛鷹山などの火山があり、また西北縁には浅間山・榛名山・赤城山・男体山などの火山があります。

これらの火山はこれまでにたびたび噴火を繰り返していますが、とりわけ大規模な噴火では大量の火山灰が関東平野に降りそそぎ堆積してきています。関東平野はそれらの火山灰でできているとさえ言えるほどなのです。そして古来、多くの生活遺跡がその下に埋もれているのです。

本編でも触れたように、関東ローム層という呼称は、一八八一年にダーフィト・ブラウンスが〝成因不明〟のままに命名したものです。その後、少なからぬ人たちによって研究されていますが、成り立ちは複雑で、また広範囲であり、すでにその上に街が形成されているため、実態の解明にはほど遠い状況です。

しかしこの関東ローム層の下のどこかに、古代都市が埋もれている可能性はきわめて高いと言えるでしょう。その真相の解明は、大規模な再開発がおこなわれて、都市遺跡が偶然発見されるまで待たなければならないかもしれませんが——。

とはいっても、関東の地（都市圏）を大々的に発掘調査するのは現実的ではありません。世界有数の人口密度ですから、大規模な再開発工事でもおこなわれる時でもなければ、そのような機会はないでしょう。

また、もしそこが神社（あるいは寺院や墓地とされてしまった神社跡）であるならば、たとえ再開発であっても「触れることのできない領域」であろうかと思います。

しかし実は、古来「不可蝕領域」であればこそ、無傷で保管されている可能性さえありますから、大いに希望が持てるのです。

〝王〟の祭祀

現在のところ何らかの他の方法でアプローチするしかありませんが、その一つとして「王の祭祀」はきわめて重要な視点になるはずです。

ちまたに数多《あまた》流布している古代史研究の大半は、実は「祭祀」についての知識見識がほとんどないままにおこなわれています。

中世や近世であってさえ「祭祀」は政治と密接であって、これを除外して語るわけには行かないのですが、とりわけ古代においては祭祀と政治は一体のものだったのです。

たとえば日本では、天皇に即位するには「大嘗祭《だいじょうさい》」という一世一度の祭祀がおこなわれます。

同様に、かつての支那（China）では皇帝に即位するには「封禅《ほうぜん》」という一世一度の祭祀がおこなわれました。

また、天皇に即位してよりは、毎年「新嘗祭《にいなめさい》」がおこなわれますが、これも同様に、支那(China)では皇帝に即位してよりは毎年「郊祠《こうし》」がおこなわれました。

そしてこれらの最重要祭祀は、一定の法則に基づいて決められた場所でおこなわれているのです。

したがって〝祭祀遺跡〟を探索することで、政体そのものにアプローチすることも可能となるはずです。


もし何者かが関東のどこかに王宮を構えていたとすれば、支那(China)流の即位祭祀である封禅と郊祠をおこなっていたと考えられます。

そして、それをおこなうには定められた法則があるため、手掛かりが見出せるかもしれません。


天皇即位にあたって必要な手続きは、第四十代・天武天皇によって定められたものです。

すなわち践祚《せんそ》大嘗祭《だいじょうさい》をおこない、三種の神器を継承することで正しく天皇となるものです。

これは以後現在まで継承されている最重要の宮中祭祀・国家祭祀です。

本編でもすでに紹介しましたが、第五十代・桓武天皇は、これをそのままおこなうだけではなく、わが国ではきわめて稀なある特別な祭祀をもおこなった記録があります。それが「郊祀《こうし》」です。

郊祀とは、秦始皇帝に始まる最上位の皇帝祭祀で、文字通り都の郊外でおこなうもので、いわば封禅《ほうぜん》の例祭版です（大嘗祭に対する新嘗祭と同様）。

封禅は「皇帝（始皇帝が「天子《てんし》」に代わるものとして創始した尊号）」となるための一世一度の祭祀ですが、これは道教の神山（祖山）である泰山《たいざん》まではるばる出向き、山頂及び山麓において皇帝一人でおこなうものです。

「封《ほう》」は、泰山山頂に壇を造り天を祀り、「禅《ぜん》」は泰山の麓で地を祀るもので、合わせて「封禅」と称します。これによって「天命」を受けて「天子」となるものです（始皇帝以降は呼び名は「皇帝」となりますが、実質的には同じものです）。

郊祀はこれを受け継ぎ、都の南の郊外に天を祀り（天壇《てんだん》）、北の郊外に地を祀り（社稷《しゃしょく》）、しかるべき施設に祖先を祀る（宗廟《そうびょう》）こととしたものです。

天壇は冬至の日に祀り、地壇は夏至の日に祀りました。

詳細を記した記録がないためそれぞれの次第は不明ですが、とくに南郊祭祀が尊ばれ、後にはこれを指して郊祀というようになったとされています。

今も北京に残る天壇は、明・清時代に実際に使われたもので、郊祀を公開の場でおこない、天子として君臨する根拠を広く示すことを一つの目的ともしていたようです。現在の日本では大嘗祭をテレビ放映しているので（一部ですが）、それが告知となっていますが、元々は宮中のみで秘しておこなわれていたもので、国民性の違いなのか、この点は彼我ではだいぶ異なるようです。

わが国では、天壇に天神を祀り、地壇に地祇を祀り、宗廟に皇祖・祖神を祀りました。

ちなみに郊祀は、桓武天皇が二度おこない、文徳天皇が一度おこなっていますが、他に公式の記録はありません。おそらく、大嘗祭・新嘗祭に収斂されていったものと思われます。

なお、桓武天皇が郊祀をおこなった場所には注目しておく必要があるでしょう。北河内の交野《かたの》（現在の大阪府交野市）で、平安京の南南西の方角にあたります。桓武天皇は「郊祀」のために二回行幸しています。延暦四年十一月、延暦六年十一月、ともに「冬至の日」です。

さてそれでは、関東の王は、封禅と郊祠をどこでおこなったのでしょう？

方術（地理風水）では関東の祖山は富士山です。したがって、封禅をおこなうなら富士山を措いて他にない。その山頂で天を祀り（封）、麓で地を祀った（禅）と考えられます。それが浅間神社の奥宮と山宮の発祥であろうと思われます。

そして郊祠は、関東平野を見下ろす場所でおこなわれたと考えられます。そこは冬至の日の出を正面に望む場所でなければなりません。それが現在のどこに当たるのか、今後の探索課題であろうかと思います。かつてはその場所に天壇が設けられていたのだと私は考えています。

富士山で封禅をおこなったことで、徐福は自信を持ったのかもしれません。

秦始皇帝が封禅をおこなったのは泰山ですが、霊山として富士山のほうが格上であるとの判断があったかもしれません。――「始皇帝は泰山でおこなったが、私は蓬萊山でおこなった」と。

なお、富士山は、結果的に蓬萊山に擬せられたのではなく、最初から蓬萊山であったのではないかと、私は考えています。

なにしろ一万五千年前から富士山はほぼ今と同じ姿であって、その令名は遥か彼方まで伝わっていたと、容易に想像できますから。

つまり、神仙思想が発生するより一万年以上前から存在し、おそらくその噂もかなり早い時期には伝わっていたと考えられるからです。


徐福（徐市《じょふつ》）については、日本の各地に渡来伝説があります。これについては拙著『決定版ヒルコ』において紹介しておりますが、概略以下の通りです。

北は青森から、南は鹿児島まで、実に驚くべき数の伝承伝説が全国に散在しています。

伝承地の主なところでは、青森県中泊町、秋田県男鹿市、東京都八丈町、山梨県富士吉田市、愛知県一宮市、愛知県豊川市、長野県佐久市、京都府伊根町、三重県熊野市、和歌山県新宮市、広島県廿日市市、佐賀県佐賀市、宮崎県延岡市、鹿児島県出水市、鹿児島県いちき串木野市、等々。

そして、徐福（もしくはその集団）から伝えられたという薬学、医学、土木工学、建築技術、精錬鋳造技術等々を、各地の人々は今なお伝えています。

それらの中には秦の貨幣が出土している地もあれば、徐福の墓と伝えられるものを大切に守っているところもあります。

もしもこれらがたんなるお伽噺であるならば、古代において、ここまで広範囲に伝説が定着しているのはむしろ不可解と言うべきでしょう。それこそ何者かによって、関連する事象がもたらされたと考えるのが自然の成り行きというものです。なにしろそれは、紀元前のことなのですから。

そこで私はある仮説を立ててみたいと思います。

徐福伝説が日本の各地にあるのは、渡来した大集団が、渡来後いくつにも分裂して各地に渡って行ったからではないか、というものです。

徐福本人がどのチームに残ったのかはともかく（あるいは早くに他界して、それが分裂の要因かもしれませんが）、本文で紹介したように徐福の集団は老若男女さらには役割・職業などきわめて雑多な集団です（国家建設という目的ゆえの意図的なものと思われます）。

このような雑多な集団に厳格な規律が守られ続けたとは思えないので、時間が経つうちに小集団がいくつも生まれ、それぞれに小リーダーがいて、完全な統率が取れなくなっていったのではないでしょうか。

小集団（あるいは特定の個人）が各地に四散して定着し、それぞれの伝説となったのではないか。……これが私の「仮説」です。

日本の戦国時代には、信長の配下となって（あるいは敵対して）名を挙げた者たちが、それぞれの思惑で各地に拠点を持ちました。

最終的には秀吉、家康に収斂されていくとはいうものの、薩摩藩島津氏や福岡藩黒田氏、加賀藩前田氏、仙台藩伊達氏、米沢藩上杉氏、秋田藩佐竹氏などは、国持ち大名となって、それぞれ九州から東北まで独自の文化圏を定着させています。いわば連邦制ですね。

その構造と相通ずるものがあると、私には思えてなりません。

丹党《たんとう》と丹生《にう》神社

源頼朝が鎌倉幕府を開いた際に、その力の保証となったのは「武蔵七党《むさししちとう》」といわれる関東固有の武士集団です。

武士は鎌倉時代に発生したとされていますが、すでにそれ以前に、関東全域で騎馬武者たちの集団が活躍していたのです。そしてそれこそが「武士の原型」です。

武蔵七党とは、平安時代中頃から武蔵国を中心に下野・上野・相模など関東の西部全域に勢力を広げていた武士団です。

それぞれ一族同族を単位とするもので、丹党《たんとう》（丹治党）、児玉党、横山党、猪俣党、野与党、村山党、西党（西野党）（＊『武蔵七党系図』による。異説あり）、の七党です。

七党の第一である丹党一族には中村・青木・清水・岩田・勅使河原《てしがわら》・大関・榛沢《はんざわ》などがあり、秩父から児玉地方一帯、また群馬県南西部にかけてを中心とした古代豪族です。

苗字人口ランキングでも上位にいくつか入っているという大族で、かく言う私もこの一族で（分家）、わが家の家紋は○の中に「丹」という古式のもの。丹党の丹ですね。

丹党の氏神は、埼玉県児玉郡神川の金鑽《かなさな》神社（ＪＲ八高線・丹荘《たんしょう》駅）です。

▼金鑽神社（通称・二宮様）　埼玉県児玉郡神川町二ノ宮

【祭神】天照大神　素盞嗚尊（配祀）日本武尊

当社は武蔵国二宮《にのみや》で、祭神は右のようになっていますが、社伝では、「景行天皇四十一年日本武尊東征の折、御姨倭比姫命より賜った火鑽金火打石を御室山に収めて天照大神素盞嗚命二柱を奉斎し、尊は欽明天皇の御時配祀された。」となっています。

当社には本殿がなく、拝殿のみで、背後の神体山（御室山《みむろやま》・御嶽山《みたけやま》）そのものを拝礼するという原初の信仰形態になっています。

古代、秩父地方は銅の産出で有名でしたが（和銅開珎《わどうかいちん》もここの銅から鋳造）、鉄や丹の産出も際立っていました。それが彼らの力の源泉でもあり、山を拝むことにつながったものでしょう。

なお「丹党」という名称が何に由来するものなのかには、いくつかの説があります。

一つは、右に述べたように「丹（辰砂・朱）」の採掘によるものですが、もう一つ、祖先の名に由来するという説もあります。

丹党系図を遡ると、第二十八代・宣化天皇の直系である多治比《たぢひ》（丹治比・丹比とも）氏の後裔であるとなっています。

別の資料では、丹党の氏神を高野明神とし、その神を祀る丹生都比売《にうつひめ》神社の社家である大丹生《おおにゅう》氏こそが先祖であるとしています。

丹生系図によれば、丹生都比売神社の祝家《ほうり》（社家のこと）となった大丹生直丹生麿《おおにうのあたいにうまろ》の後裔・丹貫主峯時が丹党の祖となります（この後、武蔵守・多治比氏の子孫を一族に迎えて丹比としたか）。そして、その子孫から先に挙げた一族の諸流が発生したものです。

▼丹生都比売神社《にうつひめ》（通称・天野大社《あまのたいしゃ》、四社明神）和歌山県伊都郡かつらぎ町上天野

【祭神】丹生都比賣大神　高野御子大神　大食都比賣大神　市杵嶋比賣大神

つまりいずれも祖先の名に「丹」が含まれており、とりわけ大丹生氏は名にも由緒にも「丹」が関わっています。

武蔵七党の他の党は、姓氏をそのまま党名としているので明快ですが、丹党のみはこのように由来が謎めいているのです。

丹党の本拠地は、金鑽神社が鎮座する児玉地域ですが、先に示したいくつかの分家が秩父方面にも進出し、それとともに丹生神社も各地に勧請されて行ったようです（丹が採掘されたゆえに丹生神社を祀ったのか、それとも丹生神社を祀ることによって丹党の領地であると誇示したのか不明）。

丹党は、古代より秩父地方から群馬にかけて大いに栄えてきましたが、その力の源泉は産出される豊富な資源にありました。

奥州藤原が金を産出したのに対して、秩父平氏が銅、そして丹党は文字通り「丹」を掌握することによって力を得ます。

官幣中社・金鑽神社境内真景

丹生都比売神社神殿

「丹（たん・に）」とは辰砂《しんしゃ》（および朱《しゅ》）のことで、水銀と硫黄の化合したもので（硫化水銀）、すでにわが国では弥生時代から採掘されています。

丹党は、武蔵・上野《こうづけ》等近縁各地に丹生神社（丹生都比売）を祀ることで一族の結束をもはかりました。

その中心が金鑚神社です。金鑚の字は後世のもので、古くは金佐奈と記されます。これは「金砂」に由来するものでしょう。ちなみに常陸の金砂神社もやはり丹の謂われをもつもので、「かなさな」と「かなすな」は元は一つと思われます。

【主な丹生神社・金鑚神社】

▼上丹生《かみにゅう》神社　群馬県富岡市上丹生

【祭神】大日孁命　譽田別尊

▼丹生《にう》神社（通称・丹生様《たんしょうさま》）　群馬県富岡市下丹生

【祭神】丹生都比賣尊

▼金鑚神社　埼玉県本庄市千代田

【祭神】天照皇大神　素戔嗚尊　日本武尊

▼丹生《たんしょう》神社（通称・丹生様《たんしょうさま》）　埼玉県児玉郡上里町勅使河原

【祭神】埴山毘賣命　家都御子神

▼丹生《たんしょう》神社　埼玉県児玉郡神泉村阿久原

【祭神】高龗神《たかおかみのかみ》　水速女神《みずはのめのかみ》

▼金砂本宮《かなさほんぐう》　茨城県久慈郡金砂郷町下宮河内

【祭神】大己貴命

▼西金砂神社《にしかなさ》（通称・お金砂《かなさ》さん）　茨城県久慈郡金砂郷町上宮河内

【祭神】大己貴命　（配祀）少彦名命　國常立命

▼丹生川上神社《にゅうかわかみ》（通称・蟻通《ありどお》しさん）　奈良県吉野郡東吉野村小

【祭神】罔象女神《みずはのめのかみ》

▼丹生《にう》川上《かわかみ》神社下社《しもしゃ》　奈良県吉野郡下市町長谷

【祭神】闇龗神《くらおかみのかみ》

▼丹生川上神社上社　奈良県吉野郡川上村迫

【祭神】高龗神《たかおかみのかみ》

▼丹生《にぶ》神社　兵庫県神戸市北区山田町坂本字丹生山

【祭神】丹生津姫命

——など関東の金砂・金鑽神社、三〇余社。および全国の丹生神社、一八〇余社が数えられます。

なお、これ以外に「丹」とはまったく無関係の社名のものも相当数あります。

金鑽神社もそうですが、この一帯の丹生神社は祭神を丹生都比売から変えてしまったところが少なくないのです。

奥秩父の両神《りようかみ》神社も、元は丹生明神と呼ばれていましたが、社名も祭神も変わっています。丹の産出が尽きたゆえなのか、他の事情によるものなのかは不明です。

▼両神《りようがみ》神社　埼玉県秩父郡小鹿野町両神薄《すすき》（元は両神村《りようかみむら》薄）
【祭神】伊弉那岐命　伊弉那美命　罔象女神

所在地の「薄」という地名は、丹党一族の薄氏の本貫地（発祥地・領地）であったことを示すものです。


もし大宮氷川神社を中心とする富士王国が関東にあったとするならば、そこには経済力の保証が不可欠です。

大規模化した水稲耕作という新しい技術も、関東平野の湿地帯を活用した経済力をもたらしました。

しかしそれだけではより豊かな日々の暮らしは獲得維持できたとしても、それ以上の繁栄も発展も望めないでしょう。

金の採掘で繁栄した奥州藤原氏や、石見銀山を発見した大内氏、古くから精錬製鉄に特化した出雲族などのように、何か飛躍的な富国強兵化をもたらすような資源があったはずですね。右に示したように、それこそは「丹（辰砂）」なのです。

なお、金鑽神社の神体山である御嶽山は、埼玉県児玉郡神川町二ノ宮の群馬県との県境にありますが、それについて地元の読者より重大な指摘がありました。

本書本文「水の章」の図版「氷川神社の位置」（一八四ページ）において、「冬至の日の出↓氷川神社↓浅間山」という直線を図示しましたが、なんとその直線上の氷川神社と浅間山の中間に、御嶽山が位置するということが判明したのです。

つまり、一宮と二宮は直結しているのです。

日の出、朱染めの社殿、噴火という「赤」の色によるつながりは、御嶽山の「朱」ともつながっているのです。

ここで、前段で私が述べたことを思い出してください。

「郊祠は、関東平野を見下ろす場所でおこなわれたと考えられます。そこは冬至の日の出を正面に望む場所でなければなりません。それが現在のどこに当たるのか、今後の探索課題であろうかと思います。かつてはその場所に天壇が設けられていたのだと私は考えています。」

とすれば、その答えは御嶽山か浅間《あさま》山《やま》ということになるでしょう。

御嶽山は二宮の奥宮です。かつてここでそのような重要な祭祀が営まれたのだとすれば、二宮である理由になるかもしれません。

また浅間山は、富士浅間《せんげん》神社との名称の共通点もありますし、富士山の古名がまったく同じあさま山でもあるところから、特別な関係がありそうです。

標高二五六八メートルの活火山であって、巨大なカルデラを持つ円錐形の山容は富士山ともよく似ており、これこそが伝説の「三壺山」の三つ目なのかもしれません。

阿蘇山《あそやま》、浅間山、富士山（あさま山）こそが、瀛州《えいしゅう》山、方丈山（方壺山）、蓬莱山であるのかもしれないと、私は空想しています。

渡来の煉丹術《れんたんじゅつ》

関東の丹生神社は、丹党の一族の者がその地の領主となった時に鎮座させたものがほとんどです（近畿地方その他は事情が異なります）。

祭神は丹生都比売《にうつひめ》命。

いかに「丹」を重要視していたか、よくわかりますね。

かつて西洋では「錬金術《れんきんじゅつ》」が盛んであって、これは文字通り「黄金」を創り出す技術（魔術？）のことでした。

黄金が貴重なのは昔も今も変わりなく、これをなんとかして人工的に製造できないかと取り組んだのが錬金術です。

むろんいかなる方法でも黄金は創り出せなかったことは皆さんご存じの通りです。

しかし、西洋の錬金術は、最終目的である黄金こそ創り出せませんでしたが、科学（とくに化学）の祖として、多様な成果をもたらしています。火薬、硫酸、塩酸、王水などは、まぎれもなく錬金術の成果です。

後世、ダイナマイトを発明したアルフレッド・ノーベル（ノーベル賞の生みの親）を皮肉って「錬金術師」と呼ぶひともいますが、良くも悪くも間違いではありません。

そして錬金術は、実は中国の「煉丹術《れんたんじゅつ》（錬丹術）」に由来しています。

『抱朴子《ほうぼくし》』（三一七年完成）に、煉丹術とは「仙丹《せんたん》」を作り出すこと、とあります。

仙丹とは、すなわち不老不死の霊薬のことであって、辰砂から化学的かつ冶金術の手法によって作り出されるのが丹薬で、また水銀や鉛などを加熱して液体化したものを金丹（金液）として、それらを服用すれば仙人になると考えられていました。辰砂が鮮やかな朱色となることで、生きた血液を連想させたのではないかともされています。

辰砂から作り出すということは「水銀」であり、最終的には水銀を必要とする「金《きん》」のことであって、つまり煉丹術とは錬金術にほかならないということですね。

ただし、これには外丹と内丹とがあって、化学的に仙丹を作り出すことを外丹、それを服用して仙人となるためにおこなう修行法を内丹と称して区別しています。

内丹は、人体に有害であることは現在では常識ですが、これを信じて服用して、歴代の皇帝六人が死に至ったと『旧唐書《くとうじょ》』『新旧唐書』などの歴史書にあります。『抱朴子』の「金丹篇」に、黄金は火に入れて百回練っても消えず、土に埋めても腐らず、すなわち不朽であるから、人体を不老不死とすることができる、と書かれています。この記述の罪は重いですね。

つまり、外丹は本来の目的は達成せず失敗した訳ですが、皮肉にも副産物として様々な化学的成果を上げています（内丹は道《タオ》教の修行術として別途発展します）。

この経緯などからもわかるように、錬金術と煉丹術（外丹）は、元はほぼ同じ意味なのです。しいていえば、錬金術は最終目的が黄金の製造ですが、煉丹術はそれを用いてさらにその先の不老不死になることでした。もちろん、どちらも実現しませんでしたが。

外丹は、漢土では早くに廃れたようですが、辰砂の採掘および活用法は、むしろ日本で定着し広まったようです。

『魏志』の「倭人伝」には、

「其山有丹（其れ、山は、丹有り）」

「以朱丹塗其身體（朱丹を以て其の身体を塗る）」

とあり、

『後漢書』の「倭伝」には、

「以丹朱坋身（丹朱を以《もっ》て身を坋《ふん》す）」

とあります。

すでに魏や漢の時代までには、倭国には丹が産出し、倭人は丹朱で身体を塗っていたと認識されています。

「黥面文身《げいめんぶんしん》（顔の刺青と身体の刺青）」という記録と合わせると、古代の日本人は全身に刺青をしていて、さらに全身赤く塗っていたということですね。

おそらく、それはすべての倭人ではなく、祭祀や戦闘に関わるごく一部の特別な人たちであったことでしょう。なにしろ丹朱は当時もその後も貴重品であって、むやみに一般人が消費できるとは考えられないからです。

また、魏や漢の使節が出会った倭人も、大半は特別な人たちだったはずですから。

以後、日本では、「辰砂」としては黄金の精製のために、「朱」としては祭祀をはじめとする聖性を表現するために大いに重用されたようです。

という次第で、内丹は日本には馴染まなかったようですが、外丹は大いに活用されたようですね。

しかしそれも、すでに述べたように資源の枯渇によって実態はよくわからなくなっています。

これについては稿を改めていずれ書き下ろすつもりですが、その入り口は丹生都比売《にうつひめ》信仰にあるでしょう。

紀伊地方以外ではあまり馴染みのない神名と思いますが、最も古くから信仰されている神でもあります。おそらくは、関東の武蔵・上野あたりにおいてもそうでしょう。
にもかかわらず、丹生都比売命は『古事記』にも『日本書紀』にも登場しません。「記・紀」の成立よりも遥かに古い神なのに、です。なぜでしょう?

かつて「丹生神社」であった少なからぬものが、なぜ社名変更されているのか。解明されるとすれば、「丹」の秘密は歴史的に深く潜行しているので、古代史の闇のある部分が明るみに晒されることは間違いありません。

そこには、「丹(辰砂・朱)」という資産と、それを活用する渡来の知識や技術が関わっています。

紀伊の丹生都比売神社や丹生川上神社、また武蔵・秩父の金鑽《かなさな》神社(元・金砂《かなすな》神社)や、両神《りょうかみ》神社(元・丹生神社)は、その重要な手がかりです。

本書ではとくに、武蔵・秩父地方について触れましたが、「丹」にまつわる歴史は、もっとはるかに広く深いものです。

紀州の「丹」も、秩父の「丹」も、おそらくは徐福一党が見出したものであり、その利用活用も彼らの技術が大前提であったのだと思われます。

「丹」は、近代以降はほとんど無用のものとなりましたが、かつては政治的にも文化的にもきわめて重要な存在でした。

そして「丹」によって動いた歴史が、かつて存在したのです。

「丹」を巡る知的作業は、幻の王国への入り口になるかもしれません。「富士山が呼び寄せた知恵」が、いまや逆に、「富士山の秘密」への入り口になるというわけです。

増補新版あとがき

本書は、富士山が世界文化遺産に登録された翌年の二〇一四年にかざひの文庫から『富士山、2200年の秘密』と題して出版上梓したものの「増補新版」です。旧版は、日本図書館協会選定図書ともなっております。

かざひの文庫社長の磐﨑文彰氏には、旧版の編集・制作にひとかたならぬお世話になりました。また、イラストレーターの松尾たいこ氏には、初版装幀画として「赤富士」を描き上げていただきました。

両氏には、「富士山」のデビューにひとかたならぬご尽力をたまわりましたこと、この機会にあらためて御礼申し上げます。

本書刊行にあたっては、再び校訂校閲をおこない、増補原稿を書き加え、それにともなって版を改めております。

またこの増補新版は、新たに河出書房新社より刊行する運びとなり、西口徹氏には今回もご尽力たまわりました。表題も、時宜を得て表記の通り改めましたことをご報告申し上げます。

一世一度の大嘗祭の年にあたり、なおいっそう『古事記』への関心が高まっております。そのような時に、『古事記』が記述しなかった富士山の秘密に迫ることは、数多ある『古事記』関連書の中でも稀有な視点を備えることで、あらためて世に問う意義もあることと思います。また、同じく富士山について記述していない『日本書紀』については、奇しくも来年、完結以来一四〇〇年を迎えます。

日本列島の中央に堂々と聳える富士山は、遠目には依然として変わりなきがごとくに見えますが、七月一日の山開きと同時に、山頂付近は登山者が毎日渋滞する有様で、そこから出てくる大量のゴミとともに、エベレストのそれと拮抗するかのように〝社会問題化〟しております。

このままでは、多くの日本人に親しまれ続けて来た霊峰に、あまり明るい未来は望めそうもありません。

今後、日本人が富士山とどのように接していくのが良いのか、あらためて考え直すために、本書が一助となりますよう祈っております。

令和元年　神奈月

戸矢　学

参考資料

『富士の研究１　富士の歴史』井野辺茂雄著　浅間神社社務所編　名著出版　一九七三年
『富士の研究２　浅間神社の歴史』宮地直一・広野三郎著　浅間神社社務所編　名著出版　一九七三年
『富士の研究３　富士の信仰』井野辺茂雄著　浅間神社社務所編　名著出版　一九七三年
『富士の研究４　富士の文学・富士の美術・富士の遺跡』高柳光寿・沢田章・柴田常恵著　浅間神社社務所編　名著出版　一九七三年
『浅間文書纂』浅間神社編　名著刊行会　一九七三年
『富士山と浅間神社』官幣大社浅間神社社務所　一九二五年
『富士山記』都良香（『本朝文粋』岩波書店　一九九二年）
『常世論』谷川健一　講談社学術文庫　一九八九年
『私の一宮巡詣記』大林太良　青土社　二〇〇一年
『新版　竹取物語』室伏信助訳注　角川書店　二〇〇三年
『現代語訳　神皇記——徐福が記録した日本の古代〈富士古文書〉』神奈川徐福研究会・神皇記刊行部会　今日の話題社　二〇一一年
『定本　ホツマツタヱ——日本書紀・古事記との対比』松本善之助監修　池田満編著　ホツマ刊行会　展望社　二〇〇二年
『謎のカタカムナ文明』阿基米得　徳間書店　一九八一年
『山の宗教』五來重　角川学芸出版　二〇〇八年
『かぐや姫の罪』三橋健　中経出版　二〇一三年
『聖徳太子絵傳』奈良国立博物館　一九六五年
『厩戸皇子読本』藤巻一保　原書房　二〇〇一年
「富士をめぐる王権のまなざし」木村淳也　明治大学文学研究論集第二〇号　二〇〇三年
『官幣大社　氷川神社志要』官幣大社氷川神社御親祭五十年祝祭奉斎会　一九一七年
『埼玉の神社——北足立・児玉・南埼玉』埼玉県神社庁神社調査団　埼玉県神社庁　一九九八年

『埼玉縣の神社』埼玉県神職会編　国書刊行会　一九八四年
『日本の神々　神社と聖地　11　関東』谷川健一編　白水社　一九八四年
『見沼　その歴史と文化』浦和市立郷土博物館　さきたま出版会　二〇〇二年
『全国神社祭祀祭礼総合調査』神社本庁
各神社由緒書

その他、多くの図書資料、映像資料等を参考としています。各々の著者・編集者に謝意を表します。

なお、本文中に引用されている「記・紀」をはじめとする古文献の書き下し文および訳文は、とくに但し書きのない限りすべて著者によるものです。

＊本書は、戸矢学著『富士山、2200年の秘密――なぜ日本最大の霊山は古事記に無視されたのか』（かざひの文庫、二〇一四年九月刊）を増補して改題したものです。

戸矢 学

（とや・まなぶ）

【主著】

『鬼とはなにか――まつろわぬ民か、縄文の神か』河出書房新社（2019）
『東京ミステリー――縄文から現代までの謎解き１万年史』かざひの文庫（2019）
『アマテラスの二つの墓――東西に封じられた最高神』河出書房新社（2018）
『オオクニヌシ　出雲に封じられた神』同（2017）
『深読み古事記』かざひの文庫（同）
『縄文の神　よみがえる精霊信仰』河出書房新社（2016）
『神道入門』同（同）
『郭璞　「風水」の誕生』同（2015）
『諏訪の神――封印された縄文の血祭り』同（2014）
『神道と風水』同（2013）
『三種の神器』同（2012／河出文庫、2016）
『ニギハヤヒ――『先代旧事本紀』から探る物部氏の祖神』同（2011）
『ヒルコ　棄てられた謎の神』同（2010／決定版、2019）
『怨霊の古代史』同（同）
『氏神事典　あなたの神さま・あなたの神社』同（2009）
『カリスマのつくり方』PHP 研究所（2008）
『天眼　光秀風水綺譚』河出書房新社（2007）
『ツクヨミ　秘された神』同（同／河出文庫、2014）
『陰陽道とは何か』PHP 研究所（2005）
『日本風水』木戸出版（2000）

公式サイト　『戸事記』http://toyamanabu.jimdo.com/

古事記はなぜ富士を記述しなかったのか

藤原氏の禁忌《タブー》

二〇一九年一二月二〇日　初版印刷
二〇一九年一二月三〇日　初版発行
著　者――戸矢 学
発行者――小野寺優
発行所――株式会社河出書房新社
〒一五一―〇〇五一
東京都渋谷区千駄ヶ谷二―三二―二
電　話――〇三―三四〇四―一二〇一〔営業〕
〇三―三四〇四―八六一一〔編集〕
http://www.kawade.co.jp/
組　版――株式会社ステラ
印　刷――株式会社暁印刷
製　本――大口製本印刷株式会社
落丁本・乱丁本はお取り替えいたします。

ISBN978-4-309-22799-3
Printed in Japan

戸矢学・著

鬼とはなにか
まつろわぬ民か、縄文の神か

日本人の精神史の中で注視されてきた鬼。
その正体を、神との対で、怨霊との関連で、
山谷に駆逐された（先住の）人びと、
また、「鬼門」という角度からも考察する。
日本人の信仰心の原像に迫る、
画期的な書き下ろし。

河出書房新社